„Unser Tun hindert uns am Sein"

Annahme und Umgang mit unserer göttlichen Macht

Meister St. Germain / Dagmar Lisiecki

Originalausgabe

Produktion: Werbe-Verlag C. Temlitz, Wiesbaden
2. Auflage September 2012

Printed in Germany
ISBN 978-3-00-038310-6

Inhalt

„Unsere tiefgreifendste Angst ist nicht, dass wir ungenügend sind. Unsere tiefste Angst ist, über das Messbare hinaus kraftvoll zu sein. Es ist unser Licht, nicht unsere Dunkelheit, das uns erschreckt. Wir fragen uns: wer bin ich, mich brillant, großartig, talentiert, phantastisch zu nennen? Aber wer bist Du, Dich nicht so zu nennen? Du bist ein Kind Gottes. Dich selbst klein zu halten, dient nicht der Welt. Es ist nichts Erleuchtendes daran, sich so klein zu machen, dass andere um Dich herum sich nicht sicher fühlen. Wir sind alle bestimmt zu leuchten, wie es die Kinder tun. Wir sind geboren worden, um den Glanz Gottes, der in uns ist, zu manifestieren. Und wenn wir unser eigenes Licht erscheinen lassen, geben wir unbewusst anderen Menschen die Erlaubnis, dasselbe zu tun. Wenn wir von unserer eigenen Angst befreit sind, befreit unsere Gegenwart automatisch andere.“

Nelson Mandela (Auszug aus seiner Antrittsrede von 1994)

Hinweis:
Die gewählten Schriftfarben dienen der Verdeutlichung. Lila sind die Texte, die ich von Meister St. Germain empfangen habe und orange-rot meine eigenen Ausführungen und Ergänzungen.

Vorwort

Schon recht früh erhielt ich die Aufforderung, ein Buch zu schreiben. Worte, gesprochene und geschriebene, haben mich schon immer fasziniert und mal mehr, mal weniger in ihren Bann gezogen. Ich liebe Worte und Sprache – solange ich denken kann. In meiner Ursprungsfamilie war ich die einzige, die man – sobald ich lesen konnte – fast nie ohne ein Buch antraf. Erst waren es die Kinderbücher, die in Schreibschrift geschrieben waren, später alle möglichen Bücher. Da war ich nicht wählerisch. In Deutsch hatte ich immer gute Noten, ich liebte Aufsätze – egal, zu welchem Thema. Während meiner Jugend schrieb ich viele Gedichte und Kurzgeschichten. All meinen Kummer, meine Sorgen teilte ich jahrelang meinen Tagebüchern mit. Sie unterbrachen mich nicht; ihnen konnte ich alles anvertrauen, was mich bewegte, was mich berührte, was mich belastete und was mich erfreute. Meine Ziehmutter sagte oft – meist spaßend: „Schreib doch Eure Familiengeschichte auf. Das wird bestimmt ein Bestseller wie 'Die Buddenbrucks'." Diesem Impuls bin ich nicht gefolgt – weil ich so wenig über meine Familiengeschichte wirklich weiß. Aber das ist ein anderes Thema. Danke für das Zeichen, geliebte Ziehmutter!

In einer Reinigungsaktion habe ich vor einigen Jahren all meine Tagebücher dem Altpapier übergeben, weil ich mich befreien wollte von all dem alten Schmerz, der darin steckte. Die Tonne wurde geleert und ich vergaß die Tagebücher. Einige Wochen später erhielt ich Post vom „Deutschen Tagebucharchiv". In dem Schreiben wurde angefragt, ob ich einverstanden sei, wenn meine gefundenen Tagebücher in München archiviert würden. Es wären Zeugnisse der damaligen Zeit und viele Menschen würden sich aus den unterschiedlichsten Gründen dafür interessieren, wie damals gedacht und gefühlt wurde. Nur eine Nacht ließ ich das in mir wirken. Für mich war es ja vorbei. Es war nur sehr erstaunlich, dass meine Aufzeichnungen nicht im Altpapier gelandet waren, sondern ein Sammler sie aus der Tonne gefischt, sicher selbst gelesen und sie dann zum „Deutschen Tagebucharchiv" geschickt hatte. Danke, lieber Sammler, für dieses Zeichen.

Meine ersten Besuche bei einem Medium erbrachten immer wieder Hinweise auf meine Aufgabe zu schreiben. Danke, liebe Carmen Sturm, für die Hinweise und Zeichen!

Als ich mich auf meinen eigenen Bewusstwerdungsweg machte, besuchte ich mit Freundinnen mehrfach eine „spiritualist church" in Clacton-on-Sea. Dort eröffnete man mir, ich sei ein „natural healer", ich würde mit Worten heilen, ich würde Bücher schreiben. Aber ich hätte noch viel Zeit. Danke für das Zeichen und den Hinweis.

In meiner Ausbildung der „atlantidischen Chakra-Lehre nach Meister St. Germain" bei Sibylle Weizenhöfer durfte ich mich im Kehlchakra-Seminar persönlich das erste Mal mit dem Wort „Macht" auseinandersetzen. In der Heilbehandlung während dieses Seminars wurde ich immer wieder gefragt: „Warum meidest Du Macht in Deinem Leben?" Ich habe, soweit ich mich erinnern kann, nicht wirklich viel antworten können in diesen 20 oder 30 Minuten. Mit „Macht" konnte ich nicht wirklich etwas anfangen – aber ich spürte, dass dieses Wort in mir viel auslöste, was ich aber nicht in Worte fassen konnte. Danke, liebe Sibylle, für diesen und die vielen anderen Weckrufe und Deine Unterstützung auf meinem Weg der Bewusstwerdung.

Und dann kam die deutliche Aufforderung, jetzt zu beginnen von einem befreundeten Medium. Sie channelte, es sei ein Buch über das Thema „Macht" und es müsste jetzt geschrieben werden.

Danke, liebe Christel Sauer, für diese Botschaft!

Da saß ich nun und fühlte, was das in mir machte, dass ich immer wieder in den letzten Jahren mit diesem Wort „Macht" in Berührung gekommen war. Die Macht der Worte in meinen Tagebüchern, die doch nicht verloren gingen, obwohl ich sie „entsorgt" hatte, mit all den Nöten und Sorgen, die dort festgehalten waren; der Macht in den wiederkehrenden Aufforderungen zu schreiben; meiner eigenen Ohn-Macht, weil ich mit dem Wort „Macht" lieber keine Berührung zulassen wollte und doch immer wieder darauf gestupst wurde... Also ließ ich das Wort intensiv auf mich wirken – das erste Mal bewusst.

Und ja: Macht war auch für mich, wie sicher für viele andere auch, zunächst einmal ein negativ besetztes Wort.

Wir alle fühlen uns eher machtlos oder ohn-mächtig statt stark und machtvoll, nicht wahr? Vieles hat sich in der ganzen Menschheitsgeschichte ereignet, dass durch die Macht einiger weniger möglich war – und meist nicht dazu geführt hat, Frieden und Liebe in die Welt zu bringen, sondern viel mehr Zerstörung, Krieg, Verlust erzeugte.

Es dauerte eine Weile, bis mir klar wurde, dass dies wahrscheinlich der Grund ist, warum Macht so negativ besetzt ist. Aber warum will man Macht lieber meiden?

Ganz klar: weil man selbst einst mit seiner ureigenen Macht Missbrauch betrieben hat – in welcher Form auch immer. Da wir das unbewusst noch wissen und unser eigener Machtmissbrauch in unseren Zellen gespeichert ist, versuchen wir - solange wir unbewusst leben -, unsere eigene Macht auszublenden, um ihr nicht ins Gesicht schauen zu müssen.

Ich danke allen geistigen Führern und Helfern und allen irdischen Wegbegleitern, dass ich mit ihrer Hilfe dieses wohl tief in mir verwundete Thema erlösen darf, denn all die Hinweise und Zeichen habe ich nicht umsonst bekommen!

Macht ist ein großes Thema – nicht nur für mich, denn Macht begleitet uns alle – immer und ständig – durch unser ganzes Leben!

Macht und Worte gehören untrennbar zusammen, denn jedes einzelne Wort verfügt über seine eigene Ausstrahlung und seine ureigene Macht.

Über die Seminare und Workshops, zu denen ich aufgefordert wurde und die ich dankbar und freudig durchführe, wird mir die „Macht der Worte" in den letzten Jahren immer deutlicher bewusst – diesmal in ihrem positiven Sinn! Wird die Macht der Worte liebevoll eingesetzt und angewandt, so kann sie anderen Menschen auf ihrem Bewusstwerdungsweg und beim Erlösen ihrer Themen eine wundervolle Unterstützung und Hilfe sein. Und so möchte ich auch an dieser Stelle allen TeilnehmerInnen, die so vertrauensvoll zu uns finden und den Weg der Heilung in sich selbst zu gehen bereit sind, von Herzen für Ihr Vertrauen danken – und für all die liebevollen Hinweise und Zeichen, die sie mir geben!

Aus tiefstem Herzen gilt mein Dank Angelika Arndt! Schön, dass wir uns in diesem Leben wieder treffen durften, um gemeinsam durch den Aufbau eines naturheilkundlichen Gesundheitscentrums neue (und gleichzeitig alte) Wege aufzuzeigen. Danke für all Deine Ideen und Impulse, die uns immer weiter gehen lassen! Ich liebe Dich – nicht „nur" dafür, sondern ganz besonders, weil Du so bist, wie Du bist! Danke, dass Du mich immer gerade dann besonders unterstützt und beflügelst, wenn ich beginne zu zweifeln... an meinem „Weg der Worte" und dem, was ich tue.

Einleitung

Die Freiheit im Sein, die Fähigkeit, im Hier und Jetzt wahrlich zu leben, bedeutet doch, alles Neue willkommen zu heißen und sich zu freuen an dem neuen Schwung der Energie, an dem Ihr alle, die Ihr seid, teilhaben dürft.

Es gibt kein „richtig" und kein „falsch" – und so befreit Euch alle von diesen alten Denkstrukturen. MACHT Euch frei! Darin, in dieser Aufforderung, liegt sehr viel Macht.

Ist es Dir möglich, Dich wirklich frei zu machen von all dem, was Du gelernt hast?
Ist es Dir möglich, all das, was Du glaubst als richtig zu empfinden, wirklich loszulassen und neu anzuschauen?

Für Euch, die Ihr nun schon länger inkarniert seid, ist es schwierig, denn Ihr seid so sehr geprägt über das, was Ihr all die Jahre wahrgenommen habt. Das Gelernte ist dabei recht unwesentlich. Das Gefühlte ist hier gemeint.

Immer dann, wenn Ihr angenommen wart, Ihr gelobt wurdet, kam es in den Koffer mit der Aufschrift „richtig / gut gemacht".

Immer dann, wenn Ihr Euch schlecht fühltet, Euch abgelehnt fühltet, füllte das den Koffer mit der Aufschrift „falsch / nicht gut gemacht".

Und beide Koffer haltet Ihr in Euren Händen.

Welcher ist der Koffer, der Euch mehr Kraft kostet?

Lasst diese Frage bitte einen Augenblick auf Euch wirken...

Und dann fragen wir Euch: wenn Ihr selbst für Euch glaubtet, Ihr hättet etwas gut gemacht, aber scheinbar haben andere es nicht so gesehen und Euch abgelehnt – wohin wanderte das?

Und wenn Ihr selbst für Euch glaubtet, Ihr hättet etwas schlecht gemacht, aber scheinbar haben andere es nicht so gesehen und Euch dafür gelobt, anerkannt und angenommen... wohin wanderte das?

Schaut Euch Eure Koffer an. Schaut Euch an, wie vermischt sie sind. Selbst dort könnt Ihr Euch nicht finden.

Wo ist Eure Macht, Ihr Lieben? In welchem Koffer?

Macht ist – im Gegensatz zu dem, was Ihr gelernt habt – nichts Böses, nichts Schlechtes. Macht ist Euer ureigenes Sein. Ihr seid Macht! Ihr seid mächtig! Ihr seid so mächtig, dass Ihr Eure Welt erschafft! Immer, in jedem Augenblick!

Wenn Frieden in Euch ist, dann ist Eure Macht so strahlend, so erleuchtend, dass Ihr Euch nicht vorstellen könnt, in welcher Pracht Ihr erstrahlt. Dann lebt Ihr Euch selbst – und das ist, warum Ihr leben wolltet! Ihr wolltet Euch erfahren als das, was Ihr seid – als diese Göttlichkeit.

Und wie oft lasst Ihr es zu, so zu sein? So freudig, so mächtig, so göttlich?

Was bedeutet Macht?

Wir alle haben Macht – wir haben auch die Macht, alles zu verändern! Wir glauben ja scheinbar auch noch immer, einzigartig in der Evolution zu sein. Wie viele Beispiele gibt es aber, die gerade das widerlegen? Ist es nicht einzigartig, dass so viele Tier- und Pflanzenarten alle Zeiten überstanden haben, sich anpassen konnten an veränderte Lebensbedingungen? Glaubt Ihr, auch wir wären dazu in der Lage?

Was haben wir schon alles getan, um unseren Heimatplaneten, unsere geliebte Mutter Erde zu zerstören? Und wir glauben, wir hätten ein Recht dazu? Wir glauben, wir hätten mehr Rechte, hier auf Erden zu sein als all die Pflanzen, Mineralien und Tiere? Ist das nicht großer Machtmissbrauch in uns selbst, in unserem Denken? Warum glauben wir, wir wären mächtiger als alles andere, was Gott und Göttin geschaffen haben? Warum glauben wir, wir dürften und könnten entscheiden, wer und was leben darf und wer und was nicht? Wie viele Bäume werden auch bei uns abgeholzt, weil sie „einfach nur im Weg stehen"? Schaut Euch unsere Städte an... Brauchen wir sie nicht, unsere Brüder und Schwestern Bäume? Brauchen wir sie nicht, um selbst atmen zu können? Mit jedem Abschlagen eines Baumes wird unsere eigene Luft dünner – aber wir wähnen uns so mächtig?

Wie viel zerstörerische Macht leben wir tagtäglich aus – anstatt sie zu nutzen für Frieden, Liebe und den Erhalt unserer Mutter Erde, die uns alles geschenkt und gegeben hat, damit wir leben können – und andere Lebewesen auch? Warum maßen wir uns an, uns über alle anderen Lebensformen zu stellen? Wie hochmütig sind wir, dass wir uns mächtiger glauben als sie?

Das soll ein Gedankenanstoß für Euch alle sein.

Aber lasst uns nun an dieser Stelle das Wort „Macht“ einmal genauer betrachten. Das „große“ M, die „kleine“ Acht.

In dem faszinierenden Buch „Nomen est Omen“ heißt es zu dem Buchstaben „M“:

„Das M steht für Ganzheit und Kraft. Es setzt sich als Druckbuchstabe aus zwei Einsen zusammen, die sich spiegelbildlich gegenüberstehen. Die Eins steht ohnedies für Einheit. Das M symbolisiert Basis und Stabilität. Durch die spiegelbildlichen Einsen steht das M nicht nur wie eine Eins, sondern gleicht zwei Einsen.

Viele Wörter, die mit M beginnen, symbolisieren Ganzheit und auch Stabilität und brauchen diese Kräfte auch. So vermögen Mama und Mutter ganz und gar Geborgenheit durch Mögen und Liebe zu geben. Liebe gibt Halt und entsteht aus der Mitte. Nicht nur Kinder, auch die Ehegatten profitieren von dieser mütterlichen Qualität. Das ist kein Grund für Neid zwischen den Geschlechtern, denn auch im Wort „Mann“, das ursprünglich von „Mensch“ kommt, ist diese Kraft aus der Mitte.

Geborgenheit kann nur schenken, wer Tiefe besitzt. Diese Tiefe zeigt sich in der Form des M: Ein V-förmiger Trichter in der Mitte des M wird rechts und links von zwei Senkrechten gehalten. Das M steht für das Meer, das archetypisch Tiefe und Weiblichkeit symbolisiert. Im Französischen sind la mer („das Meer“) und la mère („die Mutter“) phonetisch identisch.

Das M steht als dreizehnter Buchstabe im Alphabet für die Zahl vier, denn die Dreizehn ergibt in der Quersumme eine Vier. Diese Zahl symbolisiert Materie, sowie auch das M für die Materie und das Schöpfen steht. Das zeigt das Wort „manuell“, das „mit den Händen schaffend“ bedeutet. Das M steht aber auch für Erdhaftigkeit. So sprechen wir nicht vom Vater-, sondern vom Mutterboden, der eine gute Basis für Wachstum darstellt. Beim handschriftlichen M holen wir die Energie von unten, fahren zweimal nach oben und geben sie am Schluss wieder zur Erde zurück.

M und „Mutter" stehen für Mut und für das Gegenteil: Einen Feigling nennen wir „Memme", gebildet aus dem mittelhochdeutschen mamma, was „Mutterbrust" bedeutet. Eine Amme hat ihre Brust zum Beruf gemacht.

Das M symbolisiert Wärme, Wohlbefinden und Genuss. Wir sprechen das M mit wohligem Summton aus. Bekunden wir doch mit einem „Mmh", wenn uns etwas mundet."

Das „M" beinhaltet also, wie in „Nomen est Omen" ausgeführt, 2 Einsen. Die 1 steht für Gott (männlich). Die 2 steht für die Göttin (weiblich). Im „M" sind beide vereint. Im „M" sind beide eins: Gott und Göttin, männlich und weiblich!

Der dreizehnte Buchstabe im Alphabet ist das M. Die 13 ist eine sehr heilige Zahl!

„13 galt früher als Glückszahl, 13 ist eine Primzahl und somit an sich unverwundbar, unteilbar, unantastbar. Freitag kommt von Freya, dem Tag der freien Frauen. Das waren in vorchristlicher Zeit, jene (starken) Frauen, die sich ihre Männer selber ausgesucht haben, und die 13 weist auf die 13 Mondzyklen eines Jahres hin, also auch schon wieder weibliche Kräfte.

Die Angst vor dieser Macht der Frauen bzw. solchen urweiblichen Kräften kam erst mit dem Christentum auf. Das Christentum war ja etwa ab 300 n.Ch. regelrecht darauf ausgelegt, den Menschen von seiner weiblichen Schöpfungskraft zu trennen. Damit die Menschen nicht in ihre weibliche Kraft kommen sollten, wurde sie als böse, minderwertig und unrein gebrandmarkt. So wurden Ängste geschürt, die dann Aberglaube zur Folge hatten, wie dass es ein schlechtes Omen sei, wenn eine schwarze Katze den Weg kreuzen würde, oder wenn ein Freitag auf den 13. Tag des Monats fallen würde.

Aberglaube wurde als Mittel zum Zweck, von den Herrschenden im Kampf gegen das Weibliche vielfältig eingesetzt und verbreitet. Er fand seinen Höhepunkt ja bekanntlich in der Hexenverbrennung. (Was wenig bekannt ist: Es wurden sogar Katzen verbrannt von der katholischen Kirche!)

Die Wahrheit ist natürlich genau umgekehrt: Wer mit seiner weiblichen Kraft in Harmonie ist (betrifft auch Männer), wird logischerweise immer dann Glück im Leben haben, wenn solche starken weiblichen Energien wie eine schwarze Katze seinen Weg kreuzen. Außer dem Christentum gibt es auch nirgends diesen Aberglauben. Im alten Ägypten galten schwarze Katzen gar als heilige Tiere." (Quelle: www.spirituelle.info unter Esoterik Wissensbase: Symbole.)

Denkt auch an das Märchen Dornröschen, in dem nur 12 weise Frauen zur Geburtsfeier eingeladen werden, obwohl es 13 im Land gibt. Die nicht eingeladene erscheint zur Feier und gibt, nachdem 11 weise Frauen ihre guten Wünsche genannt haben, den scheinbaren Todesstoß für Dornröschen. Aber die ursprünglich 12. weise Frau, die ihren Wunsch noch offen hat, relativiert den Tod und macht aus ihm einen hundertjährigen Schlaf.

Hinter dem M gibt es die „Acht". Die 8 als Zahl definiert die Unendlichkeit und zugleich die Verbindung zwischen 2 Kreisen. Das Zentrum der 8 verbindet also 2 scheinbar gegensätzliche Pole, die in unserer dualistisch denkenden Welt auch gerne mit Yin und Yang, mit Männlich und Weiblich gleichgesetzt werden. Man könnte auch an alle anderen scheinbar widersprüchlichen Begriffe wie „heiß“ und „kalt“ denken, denn auch dort gibt es in der Mitte einen verbindenden Punkt, der den Wechsel vom einen zum anderen ermöglicht.

Die 8 selbst hat weder Anfang noch Ende. Deshalb definiert sie die Unendlichkeit. Mit dieser Unendlichkeit ist das „Alles-ist-Eins“ gemeint, in dem es weder Anfang noch Ende gibt, weder hoch noch tief. Die Verbindung des scheinbar Widersprüchlichen ist damit gleichzeitig und nur zur scheinbaren Trennung in der 8 enthalten.

In einem Wortspiel zur Macht fiel mir ein: „**M**ut **a**uf **C**harakter **h**at **T**iefe“. Bei der Zusammensetzung des „M“ mit der „8“: Mit Achtung, mit Achtsamkeit, meine Achtung, meine Achtsamkeit...

Fühlt das Wort selbst einmal an. Spürt, was „Macht“ mit Euch macht!

Unsere liebe Schwester Christel Sauer hat in ihrem Channeling am 15.06.2011 dazu die Botschaft empfangen: „Macht macht mit Euch, was man mit Macht macht. Du kannst machtvoll sein, denn wenn man machtvoll ist, will man Großes erreichen und dient der Menschheit. Und machtvoll ist man, wenn man kraftvoll und freudvoll vorwärts geht, denn wenn man kraftvoll und voller Freude seine volle Macht einsetzt zum Wohle der Menschheit, dient man der Allmacht. Wenn man der Allmacht Gottes und der Göttin dient in Demut, so dient man der Menschheit.

Die Macht macht, was Ihr daraus macht.

Oder man ist machtlos und kraftlos und mutlos. Dann geht man nicht vorwärts und stagniert. Es liegt an Euch, ob Ihr machtvoll voller Macht macht, was Ihr macht oder machtlos Euch kraftlos in die Ecke setzt und Eure Macht macht Euch machtlos – aus der Macht.

Ihr habt Euch der Macht, die in Euch ist, losgesagt und kraftlos und mutlos verbringt Ihr den Tag. Es ist die Macht, die in Euch ist, die mit Euch macht, was Ihr machen wollt. Wollt Ihr machtvoll vorwärts gehen oder machtlos stehen bleiben? Denn die Macht macht, was Ihr aus der Macht macht. Ihr seid da, Großes zu vollbringen und diese Macht in Euch kann zur großen Kraft werden und zur großen Macht werden, wenn Ihr die Macht in Demut annehmt und der Allmacht in Demut dient. Es ist die Macht, die macht, was man macht, um der Allmacht zu dienen in Demut.

Versteht, dass die Allmacht Euch die Macht gegeben hat, machtvoll oder machtlos zu sein. So besinnt Euch in Demut der Macht in Euch – der Macht zu geben. Großes kann nur entstehen, wenn die Macht, die macht, in die Kraft kommt. Und die Kraft bekommt man, wenn man freudvoll etwas beginnt und wenn man etwas tut voller Freude. Dann hat man die Kraft, es zu tun und bekommt die Macht, die macht, was man machen will.

Ob machtlos oder machtvoll – es liegt an Euch zu entscheiden, wie Euer Weg ist. Ob machtvoll oder machtlos. Es liegt an Euch, Euren Weg zu gehen. Ihr habt zu entscheiden und die Allmacht Gottes und der Göttin lässt Euch Euren Weg gehen. Ihr habt das große Glück, selbst zu entscheiden, was Ihr sein möchtet: machtvoll oder machtlos. Macht Euch frei von Euren Ängsten und Zwängen! Dann kann die große Kraft durch Euch strömen, die Euch die Macht gibt, machtvoll zu sein und der Menschheit zu dienen.

DU hast die Entscheidung! DU kannst wählen!“

Aus tiefstem Herzen dank für diese Botschaft, lieber Platonius (das Engelwesen, mit dem Christel channelt) und Dir, liebe Christel (die Du bereit warst, diese Botschaft zu empfangen)!

Lest diese Worte ein paar Mal und lasst sie wirken! Sie erreichen Euch von Mal zu Mal tiefer!

Damit haben wir schon einen wichtigen Punkt der Macht kennen gelernt: Macht bedeutet nämlich auch, dass wir uns in jedem Moment unseres Lebens entscheiden können (und uns auch entscheiden – ob bewusst oder scheinbar unbewusst) – dafür oder dagegen, ja oder nein... Gerade daran dürfen wir erkennen, wie mächtig wir sind!

Macht Euch Eure Macht bewusst

Diese Aufgabe, mit der wir Dich betrauen, ist sehr wohl ein wichtiges Anliegen, dass es nun mitzuteilen und in die Welt zu tragen gilt. Denn in all den Jahrhunderten und Jahrtausenden des dunklen Zeitalters hat dieses Wort, diese Eigenschaft, diese Fähigkeit an ihrer ursprünglichen Bedeutung so viel verloren wie kaum ein anderer Begriff. Und nun ist es an der Zeit zu begreifen, was denn Macht wahrlich beinhaltet. Die Essenz aus dem, was über so lange Zeit so deutlich missverstanden wurde, ist voller Liebe und Reinheit. Das mag nun allen zunächst befremdlich erscheinen, aber wir haben nun die Möglichkeit, es ins rechte Licht zu rücken.

Macht ist so sehr angstbesetzt. Es gibt viele unter Euch, die sie gerne hätten und sich nicht bewusst darüber sind, dass sie sie haben und auch in ihrem Alltag durchaus – nun ja – anwenden. Diese Art der unbewussten Machtausübung allerdings ist eine Form, die in dieser Zeit immer weniger Platz finden wird. Ihr nennt es auch nicht Macht, aber es ist eine sehr machtvolle Handlung, die Ihr – oft unbewusst – betreibt. Ihr übt sie aus meist gerade dann, wenn Ihr Euch schwach glaubt, als Opfer seht oder Euch bestimmte Ergebnisse wünscht, denen Ihr, sagen wir einmal, ein wenig „auf die Sprünge helfen wollt". Nun haben wir sehr genau umschrieben, um welche Form Macht es zunächst gehen mag in diesem Buch. Es sind Eure Manipulationen, meine Lieben. Zu manipulieren ist fürwahr eine sehr machtvolle Handlung, soll sie doch dazu dienen, dass eine andere Seele etwas tut, von dem Ihr glaubt, es wäre wichtig oder richtig für sie oder für Euch.

Nun, auch in dem Ausspruch „sei nicht feige, geh du zuerst" ist viel Macht enthalten. Scheinbar schubst man jemanden nach vorne, scheinbar spricht man ihm Mut zu, scheinbar schenkt man ihm das Vertrauen, dass er schaffen oder erreichen kann, was auch immer auf diesem Weg liegt, den er zuerst beschreiten soll. Scheinbar nimmt man sich selbst zurück. Scheinbar. Denn man oktroyiert etwas einer anderen Seele in einer Art auf ohne sie zu fragen, ob es auch ihr Wille ist, diesen Weg zu gehen. Man bringt sie damit oftmals in Zugzwang: „Gehe ich nicht, bin ich feige. Gehe ich, bin ich vielleicht nach Außen mutig, aber ich selbst weiß gar nicht, ob ich diesen Weg gehen will."

Und so zeigt sich durchaus Macht – im Kleinen, mögt Ihr meinen. Aber genauso ist es mit vielen anderen Aufforderungen auch.

Erkennt Ihr, dass darin ein Befehl steckt? Erkennt Ihr, dass es würdelos ist, den anderen nicht danach zu fragen, ob er diesen Weg beschreiten möchte, sondern es ihm zu befehlen?

Und wie oft sprecht Ihr Befehle aus?

Nein, mögt Ihr sagen, das tut Ihr nicht. Aber ist es nicht ein offener Befehl zu sagen: „Bring mal den Müll hinaus?" Wo ist denn da Würde enthalten? Würde würde fragen, nicht wahr, ob die andere Seele bitte den Gefallen tun könnte, den Müll hinaus zu bringen.

An dieser Stelle geht es in diesen scheinbar banalen Beispielen darum, Euch Eure alltäglichen Machtstrukturen bewusst zu machen. Und wir möchten Euch auffordern, Euch selbst genau zu beobachten, wie Ihr etwas aussprecht und auch – wie Ihr etwas nonverbal kommuniziert – durch Eure Gesten, Eure Mimik, Eure Handlungen.

Macht Euch Eure Macht bewusst! Eine jede / ein jeder von Euch ist voller Macht.

Und Ihr habt sehr gut gelernt sie anzuwenden, sie zu nutzen. Aber sie hat über Eure Machterfahrungen einen sehr schalen Beigeschmack bekommen. Und so ist heute Macht sehr negativ bei Euch besetzt.

Vielleicht können wir uns darauf einigen, dass Macht Stärke, Durchsetzungskraft, festen Willen bedeutet. Vielleicht folgt Ihr mir auch, wenn ich sage, dass Macht sehr viel Glaubenskraft beinhaltet.

Würde ich nicht daran glauben, mein Ziel zu erreichen durch das Einsetzen meiner Macht, dann könnte ich das Projekt nicht beginnen, nicht wahr?

Und so haben wir auch schon oft gefragt, wem Ihr die Macht in Eurem Leben gebt – Euren Gedanken oder Euren Gefühlen, Euren alten Strukturen oder Eurer Wahrnehmung?

Wer bestimmt wirklich über Euer Leben?

Allein das Wort „Macht" macht Euch Angst. Es ist so angstbesetzt, weil Ihr schon so oft erfahren durftet, wie es sich anfühlt, wenn jemand Macht über Euch hat. Das macht klein, das fühlt sich nicht gut an. Das lässt sich minderwertig empfinden. Natürlich im Vergleich zu dem anderen, der scheinbar die Macht hat und Ihr habt sie scheinbar nicht. Ihr fühlt Euch machtlos, ausgeliefert, als Opfer. (Jammern und Klagen habt Ihr gut gelernt...)

Fühlt es an, was Macht mit Euch macht...

Machtvoll oder machtlos?

Fürwahr, es sind schon viele Hinweise in Eurem alltäglichen Leben genauso wie in vielen Büchern zum Thema „Macht“ und „göttlicher Macht“ zu Euch gekommen.

Und dennoch erscheint es uns sehr wichtig, Euch näher mit diesem Thema vertraut zu machen, denn diese Zeit, in der Ihr lebt, in der Ihr Euch so sehr wie nie zuvor auf den Weg gemacht habt und manche noch machen mögen, Euch selbst wieder Eurer eigenen Essenz bewusst zu werden, dient auch dazu, Euch Eurer eigenen, eingeborenen, Gott gegebenen Macht wieder näher zu bringen.

Und dieser Kanal kennt das Thema und ist seit vielen Jahren ihres jetzigen Lebens und seit vielen, vielen Inkarnationen u.a. damit beschäftigt, sich wieder in der eigenen Macht zu spüren. So mag auch sie immer wieder Euch Beispiele aus ihrem Leben, aus ihren Erfahrungen erzählen, damit Ihr Euch selbst in ihnen erkennen könnt. Damit Ihr auch hier spürt, dass es nicht aus einer anderen Sphäre stammt, was wir Euch vermitteln wollen, sondern dass es eine jede Seele auf ihre Weise erlebt, erleben durfte, denn das war Euer Wille. Den Umgang mit Macht zu erfahren, zu spüren, zu erleben, was es für Euch und Euer Leben bedeutet, sich sowohl machtvoll als auch machtlos zu fühlen...

Auf einer spirituellen Reise 2008 besuchten wir u.a. den Tempel in Luxor (Ägypten). Bereits am Eingang konnte ich der Gruppe nicht mehr zügig in die Tempelanlage hinein folgen. Gemeinsam mit Brigitte, einer anderen Teilnehmerin der Reise, blieb ich immer weiter hinter der Gruppe zurück. Bei uns beiden stellte sich eine Verlangsamung unserer Bewegungen ein, wir gingen immer bewusster diesen Weg und dabei verwandelte sich auch unser Gang. Unsere Arme begannen, sich gleichzeitig vor und zurück zu bewegen bei jedem unserer Schritte und nicht mehr, wie wir es gelernt haben und gewohnt sind, in der parallelen Bewegung linker Arm – rechtes Bein, rechter Arm, linkes Bein. Erst waren es nur kleine Vor- und Zurück-Bewegungen. Diese schlenkernde Bewegungsart wurde immer ausfallender, je weiter wir in die Anlage hineinkamen. In mir bildete sich ein Ton – ein tief aus meinem Inneren stammender Summton, der unbedingt hinaus wollte. Er fühlte sich zunächst wie ein „Mmh" an und veränderte sich immer mehr zu einem „OM". Ich wurde immer klarer in mir und fühlte mich gleichzeitig, als wäre ich nicht mehr ich selbst. Meine Schritte wurden immer langsamer. Als wir nach scheinbar endloser Zeit unsere Gruppe erreicht hatten, fragte ich, was hier in Luxor einst getan wurde. Die Antwort war: „Hier wurde gelehrt!"

Da für Luxor 2 Tage eingeplant waren, nahmen einige aus unserer Gruppe die Gelegenheit wahr, am nächsten Tag noch einmal den Tempel zu besuchen. Brigitte und ich gingen zu der Sphinx-Allee und durchschritten sie mit Blick auf den Eingang des Tempels. Wieder begannen wir – ganz wie von selbst – diesen merkwürdigen Gang, der innere Summton wurde diesmal noch lauter. Zu einer der Sphinx-Skulpturen an der rechten Seite des Weges fühlte ich mich magisch hingezogen. Ich stellte mich vor sie und schloss die Augen. Schon nach wenigen Augenblicken hatte ich das Gefühl, diese Sphinx sprach zu mir. Sie übergab mir eine große Schriftrolle. Voller Ehrfurcht nahm ich sie an. Ich wusste, dass es altes Wissen war, das ich nun zurückerhielt. Und ich wusste auch, dass ich vor langer Zeit mit all diesem Wissen Missbrauch betrieben hatte, dass ich viele meiner Schüler einst mit diesem Wissen manipuliert hatte. Die Gefühle, die sich in diesem

Moment in mir auftaten, kann ich kaum beschreiben: es war so viel Dankbarkeit, Ehrfurcht und Demut in mir, die gleichzeitig an tiefe Schuldgefühle und große Angst gekoppelt waren. Die Schuldgefühle, dass ich damals meine Macht missbraucht hatte, waren riesig. All das Leid, das ich damit ausgelöst haben musste, konnte ich fühlen! Was ich anderen angetan hatte, um mich selbst groß und mächtig zu fühlen, mich über sie zu erheben... Und natürlich auch die Angst, meine mir wieder „geschenkte" Macht noch einmal missbrauchen zu können.

Eine Weile nach unserer Reise machte ich die Spiegelmeditation. Dabei stellt man sich mindestens eine Viertelstunde vor einen Spiegel und schaut sich selbst tief in die Augen. Ganz wichtig ist dabei, dass man in dieser Zeit nicht gestört wird, damit man sich voll und ganz auf diesen Prozess einlassen kann. Ich fixierte zunächst mein rechtes Auge und wechselte dann auf mein linkes. Dort konnte ich den Blick halten. Es ging schnell, dass sich meine Augenfarbe von braun zu goldgelb verwandelte. Ich sah mich in weißer Priesterkleidung mit einem Stirnband – in der Mitte des Stirnbands (auf dem dritten Auge) befand sich ein leuchtender Kristall. Ich war sehr groß – und ich lehrte in einem Tempel auf Atlantis. Als ich dieses Bild von mir sah, wusste ich, hier hatte ich meine Macht das erste Mal missbraucht, hier fing mein eigener Machtmissbrauch an. Ich fühlte mich zutiefst schuldig...

Nach diesem Erkennen wechselten mein Aussehen und meine Kleidung. Ich spürte genau, ich war wieder Gelehrter und Priester. Jetzt war ich in Luxor. Auch hier unterrichtete ich und auch hier hatte ich mit meinem Wissen und meiner Macht manipuliert. Die Schuld in mir wuchs...

Dann brachen die Bilder ab. Es dauerte eine ganze Zeit, bis ich wieder zu mir kam. Ich begann, mich mit meinen Gefühlen zu beschäftigen, sie zuzulassen, um mir selbst verzeihen zu können.

Dies ist ein Prozess, der einige Zeit in Anspruch nimmt!

Jedes Mal, wenn ich glaube, etwas falsch gemacht zu haben, nehme ich jetzt wahr, wie alt diese Schuldgefühle in mir sind und wie groß sie sind. Mein Schuldgefühl steht in seiner Größe oft in keiner Relation zu dem jetzigen Augenblick. Es ist alt, uralt... Und wie sehr mich mit meinen Schuldgefühlen auch die Angst begleitet, nicht (mehr) anerkannt und geliebt zu werden... Angst, die mich oft daran hindert, so zu sein, wie ich bin, weil ich mir einrede, dies oder das besser nicht zu sagen oder zu tun, um mich nicht wieder schuldig fühlen zu müssen...

Ich sehe diese Kombination aus Schuldgefühlen und Angst in jedem Seminar und workshop – ob als Teilnehmerin oder als Leiterin. Diese starken Gefühle hindern uns daran, wir selbst zu sein, uns so zu zeigen und zu leben, wie wir sind.

Und weil Ihr Euch alle oftmals noch so schuldig fühlt und nicht so recht wisst, woher diese Schuldgefühle rühren, freuen wir uns, dass Ihr dieses Buch erwählt habt, um für Euch etwas mehr Klarheit zu bekommen – mit dem, was Macht ist und im Umgang mit Macht.

Die Größe des Glaubens

Einst in Atlantis hattet Ihr alle noch Euer Bewusstsein der Einheit und der Göttlichkeit zu Beginn. Ihr wart Euch Eures Glaubens und damit all Eurer Schöpferkraft bewusst. Und aus dieser Kraft heraus habt Ihr begonnen zu manifestieren. Es war Euch ein Leichtes, was Euch heute unvorstellbar erscheint. Durch Euer Bewusstsein, dass Ihr mit allem verbunden seid, konntet Ihr damals Eurer heutigen Anschauung nach Wunder vollbringen. Sehr wohl wart Ihr in der Lage, mit den Tieren, den Pflanzen und den Mineralien zu kommunizieren. Damals wusstet Ihr noch um die Einheit, um das „Alles-ist-Eins".

Als aber all die Veränderungen in Eurer Welt einsetzten, über die Ihr auch schon in vielen anderen Büchern vieles habt erfahren können, habt Ihr neue Wege beschritten. Veränderung verlangt ja auch neue Wege. Aber Ihr hattet damals erkannt, mit welcher Macht und Kraft Ihr wirklich ausgestattet seid – als das, was Ihr seid, Ihr lieben Erdenkinder – als Abbilder von Gott und Göttin. Diese Macht in Euch hat Euch Veränderungen gestattet und sie hat es ermöglicht, dass Ihr Euch so weit aus Eurem Einheitsbewusstsein entfernt habt. Hinzu kam die Gabe, das Geschenk, dass Euch von Anbeginn der Zeit zu Eigen ist: Euer freier Wille. Und nur deshalb konnte es geschehen, dass Euer „Fall aus dem Paradies", wie Ihr es nennt und der in göttlicher Wahrhaftigkeit der Fall Eurer Bewusstheit aus der Einheit mit dem Göttlichen ist, überhaupt möglich wurde. Ihr habt selbst entschieden, so tief zu fallen, wie Ihr gefallen seid.

Nun fragt Euch doch bitte einmal, warum Ihr von „gefallenen Engeln" sprecht und den Meister der gefallenen Engel Luzifer nennt? Ihr alle, meine Lieben, seid gefallene Engel gewesen.

Engel, die sich aus ihrem eigenen Willen heraus dazu entschieden haben zu fallen – aus dem Bewusstsein der Einheit und in den scheinbaren Verlust der Liebe und des Lichts. Und der – wie Ihr es nennt – Anführer dieser gefallenen Engel trägt gerade den Namen des Lucius, des Lichts?

Erkennt doch, dass Ihr nicht fallen konntet. Erkennt doch, dass Ihr nichts verloren habt in Eurem vermeintlichen Wunsch, diese Dunkelheit zu erfahren. Erkennt doch, dass Ihr all das, was Ihr glaubt, verloren zu haben, über alle Eure Inkarnationen, über all Eure Leben immer noch in Euch tragt. Ihr seid noch immer die Liebe und das Licht, Ihr seid noch immer das, was Ihr glaubtet, verlassen zu haben – ein Teil der göttlichen Einheit. Was Ihr wahrlich verlassen habt, ist Euer Gefühl und damit Euer Glaube.

Schaut einmal genau hin: Euer Glaube ist doch etwas, was Ihr glaubt nicht greifen zu können. Etwas zu glauben ist Eurer Ansicht nach etwas, was Ihr nicht wirklich wisst oder wissen könnt. Sind nicht daraus all Eure Wissenschaften entstanden? Waren es nicht all die Seelen, die an etwas tief und fest glaubten, die dann spürten, dass andere Seelen es nicht wahrnehmen können? Also machten sich die – wir möchten es „die Gläubigen" nennen – auf den Weg, den anderen – wir nennen sie jetzt einmal die „Ungläubigen" – Beweise zu bringen, dass das, an was sie glauben, wahrhaftig ist.

Und wie viele Beispiele habt Ihr über all die Jahrhunderte bekommen durch diese Beweisermittlungen, dass manch noch so kleiner Glaube wahrlich der Wahrheit entspricht?

Haben nicht immer diejenigen, die fest in ihrem Glauben waren, erreichen können, dass sich Eure Anschauung, Eure Meinung und Eure Überzeugung verändert haben?

Seht hin, Ihr Lieben. Seht hin zu der großen Macht, die in Eurem Glauben liegt und die wahrhaft in der Lage ist, Euer tägliches Leben im Kleinen und Euer Leben im Umgang mit anderen und Euer Leben im Großen zu verändern! Ihr alle könnt die Welt verändern, wenn Ihr glaubt an das, was Ihr glaubt zu wissen. Und dieser Glaube, genau zu wissen – den kennt Ihr alle! Dieser Glaube ist ein fester Bestandteil Eurer wahren Essenz!

Aber Eure wahre Essenz versucht Ihr mit aller Kraft und auch mit aller Macht, die Ihr noch immer in Euch spürt, zu verdrängen.

Ach ja, wir erinnern uns alle gut an die vielen Hinweise... Der berühmteste ist sicher: „Euer Glaube versetzt Berge..."

Wenn überhaupt darauf noch eine Reaktion von Euch erfolgt, ist es ein Schmunzeln, wie Ihr es nennt. Denn jedes Schmunzeln ist für Euch ja verbunden mit Hochmut und Ablehnung, nicht wahr? Ihr schmunzelt, wenn jemand etwas Eurer Ansicht nach Törichtes sagt, etwas, dass Eurer Meinung nach keinen Bestand hat, aber Ihr die andere Seele nicht verletzen wollt. Nur – Euer Schmunzeln reicht dafür völlig aus.

Gut, es mag Euch erscheinen, als würden wir manches Mal den Faden verlieren. Aber dem ist nicht so. Ihr selbst habt so viele Fäden gesponnen, dass wir sie Euch an den für sie bestimmten Stellen verdeutlichen möchten. Am Ende erkennt Ihr Euer Knäuel, das Ihr Euch selbst erschaffen habt und seid zudem in der Lage, es auseinander zu drehen. Jaja, dafür braucht es Geduld. Aber Ihr werdet, seid Euch sicher, wenn Ihr Euch auf jeden einzelnen dieser – wie Ihr es nennt – Gedankengänge einlasst, auch erkennen, dass der ursprüngliche Anfang Eures Knäuels durchaus längst nicht mehr die Wichtigkeit hat, die Ihr ihm habt geben wollen. Denn: der Anfang war nur der Anfang. Zu diesem Anfang könnt Ihr nicht mehr zurück. Ihr hattet ihn gewählt, um Euer

Knäuel zu bilden. Die Auflösung des von Euch selbst geschaffenen Knäuels, das Ihr auch gerne „das Rätsel des Lebens" nennt, wird Euch am Ende einen neuen Anfang zeigen.

Und genau vor dem steht Ihr. Ihr alle hattet dieses selbst geschaffene Knäuel in Euren Händen. Ja, bitte stellt es Euch bildlich vor. Die Stufe der Frage „Was soll ich denn damit?" habt Ihr längst überschritten. Ihr seid neugierig, Ihr wollt wissen, was sich darin verbirgt. Ihr wollt es ergründen.

Oh, welch Wortschöpfungen so alle über so viele Jahre kreiert wurden, um den Gedankenstrukturen Vorrecht einzuräumen: da gibt es Klarheit, da gibt es „auf-den-Grund-gehen", da gibt es „Klärung" und „Erklärung". Alles soll Klarheit bringen. Und was, Ihr Lieben, ist klarer als reines Wasser? Und das Wasserelement steht doch, da sind wir uns sicher einig, für Eure Gefühle.

Erkennt Ihr jetzt, wie wichtig es ist, Euren Gefühlen Raum zu geben, um zu er-klären, um Klarheit zu gewinnen?

Mit all Euren mentalen Strukturen habt Ihr diesen selbstgewählten, für Eure Entwicklung bis zum jetzigen Stand wichtigen Weg wunderbar überhaupt erst geschaffen und ermöglicht. Aber Ihr spürt, dass diese Zeit, in der Ihr lebt, die Euch überall „Umbruch", „Veränderung" entgegenschreit, in der Ihr ständig Zeichen erhaltet, dass das Alte, Euch so Wohlbekannte nicht unendlich, sondern jetzt vor dem Punkt der Wende ist, Euch so deutlich hinweist auf Eure scheinbar so unwichtigen Gefühle.

Wenn doch all das, was Ihr kraft Eurer Gedanken erschaffen habt, sich so schnell und so radikal verändert, so sehr bis ins Kleinste hinein wirkt im Sinne von Auflösung, was haben denn dann all Eure Gedanken Euch wahrhaftig erreichen lassen?

Ja, meine Lieben – Eure mentalen Strukturen haben es ermöglicht, an diesen jetzigen Punkt Eures Seins zu gelangen.

Sie haben Euch Macht gegeben oder Euch der Überzeugung anheim fallen lassen, dass manche Seelen mächtiger sind als Ihr. Ihr habt nicht wirklich hinterfragt, ob sie es tatsächlich sind, nicht wahr? Denn sonst hätten all die vielen, die unzähligen Opfer- und Täterspiele, die Ihr Euch geschaffen habt, nicht gespielt werden können.

Und nun steht Ihr da... Ihr nennt es „wie ein begossener Pudel" und darin ist auch vieles zu erkennen. Begossen ist das Hündchen sicher mit Wasser und der Pudel als Hund steht bekanntlich für unbedingte Loyalität seinem Herrn gegenüber.

Unbewusst seid Ihr alle – und das mag Euch zum Trost dienen – treu und loyal Eurem Herrn und Eurer Herrin gegenüber. Gott und Göttin bewundern Euch sehr für Eure Stärke und Kraft, so tief abzusinken, um sich selbst zu erfahren. Denn das wolltet Ihr – als Abbild Gottes und der Göttin, als Teil des Ganzen: Euch selbst erfahren. Dass dieses Experiment so weit ausuferte, war Euer eigener Wille. Und der „begossene", wasserdurchtränkte Pudel, der Ihr im Augenblick zu sein scheint, darf sich nun auf den Weg machen, seine Emotionen anzunehmen und zu klären.

Wie klein hat sich denn der Wolf gemacht, aus dem heraus der Hund entstand? War er nicht einst „sein eigener Herr"? Und heute mag so manch ein Hund noch den Instinkt der Jagd in sich verspüren, aber das Leben und die Entwicklung haben ihm gezeigt, dass es durchaus auch von Vorteil ist, sich in eine gewisse Abhängigkeit zu begeben, nicht wahr?

Und – wie sieht es mit Euch aus, meine Lieben?

Ihr seid Lichtfunken

Eine jede Menschenseele – und ich meine wirklich eine jede – hat Angst vor ihrer eigenen Macht. Und so habt Ihr wahrlich aus Euch selbst dasselbe gemacht wie einst aus dem Wolf, nicht wahr?

Die Macht ist Euch allen bekannt, wohlbekannt – aus längst vergangenen Zeiten. Und so habt Ihr damals so vieles getan, für das Ihr Euch noch immer schuldig sprecht. Was auch immer es gewesen sein mag, dass Euch unbewusst noch heute unverzeihlich erscheint, war ein wichtiger Schritt in dem Experiment Erde und auch für Eure eigene Entwicklung. Denn ohne all diese Verwicklungen, in die Ihr Euch einst so meisterhaft verstrickt habt, könnte es keine Entwicklung im Jetzt geben.

Stellt es Euch so vor: jeder einzelne von Euch Lichtpunkten kam auf diesen wunderbaren Planeten Erde – voller Licht, voller Liebe. Unschuldig und unbedarft wie kleine Kinder es sind. Nun traf ein jeder dieser einzelnen Lichtpunkte auf andere Lichtpunkte. Sie verbanden sich, sie stießen sich ab – je nach Frequenz. Manche Lichtpunkte schienen perfekt zu Euch als Lichtpunkt zu passen – andere weniger.

Aus all diesen Verbindungen entstanden Lichtkonglomerate, die zwar eigenständig, aber doch miteinander energetisch verbunden waren. So bildeten sich energetische Zusammenballungen. Ihr mögt es Euch wie ein Wollknäuel vorstellen.

Dann kamen Momente, in denen die Lichtpunkte, die ganz tief und fest in der Mitte dieses Lichtkonglomerats standen, sich kaum noch fühlen und bewegen konnten. Da war zu viel um sie herum, das leuchtete und glänzte. So befürchteten sie, ihr eigenes Licht könne nicht mehr gesehen werden. Sie versuchten, aus dem

Lichtkonglomerat auszubrechen, um sich selbst wieder in ihrem eigenen Strahlen wahrnehmen zu können und in der Hoffnung, andere Lichtpunkte könnten sie dann auch „besser" sehen. Dies war die Geburtsstunde des Egos.

Mit jedem einzelnen Ausbruch aus einem solchen Lichtkonglomerat wurde allerdings das ganze Gebilde auseinander dividiert. Es gab es nicht mehr. Wichtige Energie, die für die Existenz des gesamten Gebildes notwendig war, fehlte. Und so erstarb das Ganze.

Ihr selbst kennt solche Erfahrungen aus Eurem Leben auch. Mögen es Eure Cliquen und Freundschaftskreise gewesen sein, die so eng zusammen hielten und glaubten, nichts könne sie jemals voneinander trennen. Dann ging einer auf einen anderen Weg – und es war nie wieder dasselbe in dieser Gruppe, nicht wahr? Ein wichtiger Lichtpunkt fehlte.

Und es muss nicht immer der Führer, der Anführer gewesen sein. Nein, nein. Selbst dann, wenn die scheinbar unbedeutendste Einheit dieser Einheit diese Einheit verließ, veränderte sich alles.

Ja, und so war das damals mit Euch als Lichtpunkte auch. Bewusst haben wir den Ausdruck „Lichtpunkt" gewählt, denn ein Punkt mag immer klein erscheinen, doch fürwahr ist er sowohl das Ende als auch der Anfang. Setzt Ihr einen Punkt hinter einen Satz, so ist dieser beendet. Doch gleich darauf folgt der nächste Satz, nicht wahr? So kennzeichnet ein jeder Punkt gleichermaßen einen Anfang als auch ein Ende.

Und wir möchten, dass Ihr Euch Eurer Macht als Lichtpunkt (wieder) bewusst werdet. Auch Ihr seid Anfang und Ende zugleich (oder: könnt es sein, wenn Ihr Euch all dessen, was zwischen Anfang und Ende liegt, bewusst werdet).

Stellt Euch ein Buch vor – nehmt auch gerne dieses Buch als Vergleich. Ein jeder Satz, mag er noch so klein sein, hat darin seine Bedeutung. Fällt nur einer heraus, passt das gesamte Gefüge nicht mehr so zusammen wie es war.

Nun – kommen wir zurück auf die Geburtsstunde des Egos. Dieser eine Lichtpunkt, der glaubte nicht mehr gesehen zu werden, brach aus. Das Lichtkonglomerat war fortan nicht mehr dasselbe.

Was glaubt Ihr, ist dann passiert? Der ausgebrochene Lichtpunkt fühlte sich sehr schnell enteint, die anderen konnten das entstandene Loch nicht füllen. Es fehlte etwas. Der ausgebrochene Lichtpunkt mag sein altes Lichtkonglomerat gesehen haben – in Aufruhr, in Unruhe, in Verzweiflung, in Unsicherheit. So sehr sie sich bemühten, ein wichtiger Lichtpunkt fehlte nun. Und der ausgebrochene Lichtpunkt? Was glaubt Ihr, was dadurch, dass er ausgebrochen war, in ihm entstanden ist? Traurigkeit? Leere? Schuldgefühl?

Und doch hatte er sich doch erst so gut gefühlt. So stark, so mächtig. Er hatte die Kraft auszubrechen. Und dann fühlte er sich traurig... leer... schuldig?

Nun – für seine eigene Entwicklung wusste unser Lichtpunkt genau, dass er in seinem Konglomerat nicht länger hätte bleiben können. Dort, an diesem Platz, fühlte er sich doch so schlecht, so ungesehen.

Und jetzt stellt Euch vor, es gab unzählige solcher Konglomerate, aus denen immer ein Lichtpunkt ausbrach. Dadurch geriet ja alles aus dem Gefüge.

Und nun stellt Euch vor, all die ausgebrochenen Lichtpunkte vereinen sich. Was glaubt Ihr, was das bedeutet?

Das, meine Lieben, ist das, was Ihr in Eurer jetzigen Welt erlebt. So viele sich so schuldig fühlende Lichtpunkte finden sich und wieder sind viele von ihnen gerne bereit, ganz in die Mitte des neuen Knäuels hineinzutauchen, damit sie nicht gesehen werden. Denn noch immer fühlen sie sich so schuldig dafür, dass sie einst aus ihrem Lichtknäuel ausgebrochen sind. Nun hoffen sie, wenn sie ganz in die Mitte eintauchen, werden sie nicht gesehen.

Einst wollten sie unbedingt gesehen werden, jetzt möchten sie sich lieber verstecken.

Mit dem Beginn des Ego-Spiels begann das Spiel um Macht. Könnt Ihr das sehen? Erinnert Ihr Euch vielleicht sogar?

Und dieses Spiel begann mit dem Fall aus der Einheit. Seitdem seid Ihr auf der Suche nach einem Weg zurück.

Und dieser Weg ist begleitet von Machtgefühlen genauso wie von Ohnmachtsgefühlen, von dem Streben, im Rampenlicht zu stehen und dem Bestreben, sich in einem Mauseloch zu verkriechen.

Und das kennt Ihr alle, nicht wahr? Mal möchtet Ihr so gerne auf einer Kanzel, einem Thron sitzen, weil Ihr so sicher seid, dass das der Euch angestammte Platz ist, von dem aus Ihr Euer Strahlen abgeben könnt und endlich als das Wunder gesehen und gehuldigt werdet, dass Ihr in Euch fühlt, dass Ihr es seid. Einen Moment später mag es sein, dass – kurz bevor die Audienz eröffnet wird, der Vorhang sich lüftet und Ihr Euer Strahlen endlich allen zeigen könntet, doch lieber das Verkriechen im Mauseloch vorzieht. Ist es nicht so?

Nun – wenn Ihr das bis hierhin mit Eurer Zustimmung belegen könnt, dann frage ich Euch: was macht Euch solche Angst? Warum glaubt Ihr, Euer Strahlen nicht zeigen zu können oder vielleicht sogar: nicht zeigen zu dürfen?

Darauf, meine Lieben, gibt es nur eine Antwort: Ihr habt Angst vor Eurem eigenen Strahlen, Eurer Kraft und all der Macht, die in Euch steckt.

Noch immer ist da diese große Schuld in Euch, dass Ihr einst Euer Lichtkonglomerat verlassen habt und damit alles zusammengebrochen ist, nicht wahr? Da war dieser kleine aufmüpfige Funken, der es gewagt hat, aus dieser Einheit herauszutreten (in der Hoffnung, sein Strahlen würde gesehen). Stattdessen ist sein Licht danach fast erloschen, weil er sah, was geschah mit dem Rest der Lichtfunken im Lichtkonglomerat.

Jeder einzelne dieser ausgebrochenen Lichtfunken wollte sich selbst erfahren – in seiner wahren Essenz, in seiner Größe und in seiner Macht. Natürlich auch in seiner eigenen Individualität, die er als Teil des Ganzen nicht eindeutig spüren konnte.

Eure eigene Pilgerreise

Ja, dieses Gefühl, aus der Einheit herausgefallen zu sein, kennt Ihr alle.

Denkt allein nur an die vielen Augenblicke Eures Lebens, in denen Ihr Euch von Eurer Ursprungseinheit, Eurer Familie, wie ausgestoßen gefühlt habt.

Der Ursprung, der wahre Ursprung all dessen liegt viel früher, meine Lieben.

Dieses Experiment, das auch Ihr zu dem Euren gemacht habt – und genau das auch wolltet – begann bereits vor Urzeiten. Und Ihr alle habt diesen Weg gewählt.

Es ist fürwahr ein einfacher, den Ihr vergleichen könnt mit einer Pilgerreise. Auch für sie bereitet Ihr Euch vor – nach bestem Wissen und Gewissen – und Ihr überlegt genau, was Ihr zu brauchen glaubt und auf was Ihr Eurer Meinung nach verzichten könnt. Denn der Rucksack, der Euch begleitet, wird Tag für Tag Eurer Wanderzeit schwerer auf Eurem Rücken lasten. Und doch möchtet Ihr aufbrechen auf diesen Weg, der nur der Eure ist. Ihr seid erwartungsvoll ob all der Erfahrungen, die Euch auf diesem Weg begegnen mögen. Ihr seid mutig und zuversichtlich, diesen Weg bis zum letzten Schritt zu gehen, obwohl Ihr noch nicht den ersten dazu getan habt.

So ging es Euch immer und immer wieder – in Eurem jetzigen Leben und auch in all denen, die Ihr bereits beendet habt.

Für jedes einzelne dieser Leben, dieser Pilgerreisen, habt Ihr Euch fürwahr Euren Rucksack geschnürt. Und eins, da dürft Ihr Euch sicher sein, war immer und jedes einzelne Mal mit in Eurem

Gepäck: bei der einen Seele war es ein Schild, das sie immer erinnern möge, bei der anderen ein Karton, bei der nächsten ein Fotoalbum und wieder bei einer nur ein Blatt eines schönen Baumes. Aber auf all diesen Euren Beigaben stand immer ein Wort und das war: „Macht".

Eure Lichtfunkenkarriere hat damals begonnen, als Ihr das allererste Mal aus Eurem Knäuel ausgebrochen seid. Und eine jede Seele von Euch hat es einst getan, weil eine jede Seele von Euch an den Punkt kam, sich nicht gesehen zu fühlen. Und genau dieses Gefühl ist es, das Euch antreibt, immer und immer wieder weiterzugehen, neue Schritte zu wagen, alte Wege zu verlassen. Es ist ein Drang, der Euch antreibt, um Euch selbst zu erfahren – als das, was Ihr seid.

Ihr seid Euch noch immer nicht bewusst über diese Kraft und Stärke, die Ihr in Euch tragt und die Ihr aussendet – in jedem einzelnen Augenblick Eures Seins.

Es ist fürwahr etwas sehr, sehr Großes, das wir alle sehen, aber Ihr, die Ihr auf diesem geliebten Planeten wandelt, oft in Euch selbst nicht wahrnehmen könnt oder wahrnehmen wollt.

Vergessen zu haben, dass Ihr Euch mit ganz eigener Macht auf den Weg (auf die vielen Wege) Eures Lebens (Eurer Leben) gemacht habt, ist eine wichtige Voraussetzung gewesen, um Euch dahin zu bringen – wohlgemerkt selbst dahin zu bringen, wo Ihr jetzt steht, was Ihr jetzt seid.

Und immer und immer wieder habt Ihr das Schild, den Karton und das Blatt weiter nach unten in Eurem Rucksack gesteckt, weil Ihr glaubtet, Eure Macht würde Euch behindern. Und damit habt Ihr immer und immer wieder einen ganz wichtigen Teil Eures Selbst tiefer und tiefer vergraben.

Ihr wart einst so ein leuchtender Lichtpunkt, der im Gefüge des Ganzen so mächtig war. Als er sich auf den Weg machte, sich selbst erfahren zu wollen, seine eigene Macht zu spüren, hat er genau dies vergraben. Ihr habt Eure Macht vergraben! Ihr habt sie im Laufe der Zeit fast vergessen. Aber der Drang, sie zu spüren, ist nach wie vor da.

Und um sie in Euch selbst doch hier und da fühlen zu können, habt Ihr Euch – wir möchten sagen – recht irrwitzige neue Ideen ausgedacht: seien es Verbiegungen Eurer selbst, Manipulationen und daraus resultierende Opfer- und Täterspiele, die wiederum dazu führten, dass Ihr Euch so wunderbar schuldig sprechen konntet, nicht wahr? Welche große Hilfe Euch dabei Eure Gedanken waren, oder? Schon in dem Moment, in dem Ihr als Lichtfunken aus diesem Lichtkonglomerat ausgebrochen seid, habt Ihr Euch einerseits sehr mächtig gefühlt und andererseits sehr schuldig, nicht wahr? Es war Euch bewusst, dass Ihr etwas aufgegeben, verlassen hattet, aber Ihr wolltet es doch so sehr – dieses Opfer- und Täterspiel, dass Ihr bis heute spielt.

Nun – der ein oder andere Rucksack ist leicht geworden. Vieles von dem, was Ihr einst hineingepackt habt, ist erfahren, erkannt, erlebt und erlöst. Dazu gehörte viel. Und wir freuen uns darüber – sehr!

Meine Lieben – aber das Urthema der Macht, die Ihr so gerne spüren wolltet, hat Euch mit Angst besetzt.

Durch all das, was Ihr erfahren habt, ist das Gefühl entstanden, dass nicht gut war, was Ihr getan habt. Und doch wart Ihr doch so stark, dass Ihr es tun konntet.

Nun steht Ihr da und fühlt Euch hilflos, verloren und die ein oder andere Seele hat Ihr Schild, Ihren Karton, Ihr Blatt längst wieder in der Hand und weiß, dass sie sich machtvoll zeigen darf – und traut sich nicht mehr.

Durch all das, was Ihr in all Euren Leben erlebt habt und das, was Ihr in diesem Leben so geballt erfahren habt, glaubt Ihr nicht an Eure Größe, an Eure Stärke, an Eure Kraft und schon gar nicht an Eure Macht. Dagegen setzt Ihr durch Eure gewonnenen Erfahrungen Gefühle des Neids, der Gier, des Hochmuts, der Schuld, der Wollust, der Trägheit, des Geizes, der Angst und des Misstrauens.

Eure ICH BIN-Energie

Ja, Ihr geliebten Lichtfunken, die Ihr zu Unzähligen zur Zeit auf Eurer geliebten Mutter Erde, Lady Gaia, verweilt, seid Euch all Eurer Kraft und Stärke, all Eurer Macht unbewusst sehr wohl bewusst. Doch noch immer ist diese große und tief sitzende Angst in Euch, die Euch daran hindert, Euch in Eurer Macht und Pracht anzunehmen. Noch immer – nach all den vielen Leben. Noch immer fühlt Ihr Euch so schuldig, dass Ihr Angst vor Eurer wahren Größe habt, die aus den Lichtpunkten wahre Lichtsäulen und Lichtkanäle entstehen lassen könnte. Die, sofern sie sich verbinden würden, Eure ganze Welt in Licht und Liebe auf einen Schlag verwandeln könnten.

Warum, meine Lieben, tragt Ihr noch immer so schwer an Eurer Schuld, dass Ihr Euch selbst nicht vergeben könnt? Warum mögt Ihr Euer Herz nicht befreien von all den Schablonen, in das Ihr es gepresst habt, von all den Mustern, die Ihr glaubt, leben zu müssen? Warum all die Panzer noch?

Wer glaubt Ihr wahrlich zu sein? Ein Nichts?

Oh, meine Lieben – ein Nichts wäre wahrhaft nichts. Es wäre nicht sichtbar, nicht spürbar, nicht erreichbar.

Nichts gibt es nicht. Es gibt immer ein ICH BIN. In jeder einzelnen Zelle ist dieses ICH BIN enthalten, in dem kleinsten Samen, der noch nicht entstanden ist.

Das, was Ihr zum „Nichts“ erklärt habt, ist das, wovor Ihr Euch so fürchtet. Es ist die reine Energie, die Ihr nicht sehen, riechen und schmecken könnt und derer Anwesenheit Ihr Euch dennoch in allem, was Ihr selbst seid und in allem, was Euch umgibt, gewiss seid. Euch ist sehr wohl bewusst, dass Ihr Energie braucht in Eurem Leben. Ihr habt sogar reine Energiewerke erschaffen, die Euch Strom liefern. Könnt Ihr ihn sehen? Ja, wenn Ihr Euer Fernsehen einschaltet. Aber den Fluss dieser Energie könnt Ihr nicht sehen.

Ihr seid Euch bewusst, dass jede Eurer Nahrungszufuhren eine Energiezufuhr ist. Aber Ihr seid Euch nicht darüber im Klaren, welche Energie Ihr zu Euch nehmt.

Energie – immer präsent und nicht sichtbar. Energie ist machtvoll, nicht wahr?

Und was seid Ihr, meine Lieben? Seid Ihr wahrlich mehr als reine Energie? Was könnt Ihr erschaffen aus Eurem energetischen Potenzial? Wie viele Schauspiele erschafft Ihr selbst in Euren Leben aus Eurer Energie? Habt Ihr Euch dazu einmal Gedanken gemacht? Das, meine Lieben, wäre wahrhaft keine vergeudete Energie, sondern Energie, die Eurer eigenen Bewusstwerdung dient. Aus ihr heraus könntet Ihr Eure Macht erkennen, wenn Ihr wahrhaft hinschaut.

Wie viele Filme produziert Ihr jede Nacht in Euren Träumen? Romanzen, Komödien, Krimis... Seid Ihr schon einmal lachend erwacht? Seid Ihr schon einmal aufgeschreckt aus einem Traum in Angst und Panik?

Habt Ihr schon einmal gespürt und wahrgenommen, dass Euer Körper auf einem in Euren Träumen selbst inszenierten Liebesfilm voller Emotionen reagiert? Seid Ihr schon einmal so erwacht?

Oh ja – Ihr seid so mächtig, meine Lieben!

Warum glaubt Ihr, Ihr könntet nur in Euren Träumen die Welt verändern? Warum glaubt Ihr, jeden Tag zu erwachen? Ihr seid aufgefordert, es zu tun! Ihr seid aufgefordert, mit all Euren Fähigkeiten jeden Tag die Welt zu verändern, Eure Visionen, Eure wahren Träume der Liebe zu leben.

Und Ihr habt es schon so oft getan. Es ist Euch sehr wohl bekannt.

Euer freier Wille – Schuld oder Macht

Nun, das Thema der Entstehung Eures menschlichen Seins aus Eurer ursprünglichen einheitlichen Verkörperung als Lichtfunken, die Ihr alle gewesen seid und noch immer seid, haben wir besprochen.

Dabei durfte Euch bewusst werden, über wie viel Kraft und Selbstbewusstsein Ihr alle verfügt habt, als Ihr Euch entschlossen habt, diese Einheit zu verlassen, um eigenständige Erfahrungen sammeln zu können. Und noch etwas war dabei im Spiel, was Euch seither Eure ganzen Leben lang ständig begleitet hat und Euch jetzt einer Eurer innersten Begleiter ist: Eure Macht!

Eure ureigene innere Macht, die sich darin ausdrückte, dass Ihr den Wunsch, Euch von der Einheit zu trennen, in einen festen Willen umsetzen konntet. Und dieser feste Wille wurde Euch gewährt, denn er entspricht göttlichem Gesetz, wie Ihr wisst. Jeder, wirklich ein jeder Eurer eigenen Willen ist gekennzeichnet und durchströmt von Macht. Denn all das, was Ihr wirklich wollt, setzt sich machtvoll in Eurem Leben um. Aber es ist nicht, wie Ihr in manchen Situationen so gerne glauben möchtet, machtloses, ergebenes Sein. Alles geschieht, wie Ihr es wollt. Und deshalb ist es so wichtig, dass Ihr Euch in dieser Zeit Eurer eigenen Macht wieder bewusst werdet. Sie ist es, die Ihr vergessen habt, vergessen glaubt oder sogar nicht zu besitzen vermutet.

Erinnert Euch daran, wie oft Ihr Euch machtlos und ausgeliefert gefühlt habt oder vielleicht gerade jetzt auch fühlt. Wir bitten Euch, dieses Gefühl zuzulassen und Euch zu fragen, wann Ihr das erste Mal so gefühlt habt? Viele werden nun Ereignisse erinnern, die erst ein paar Stunden, Tage, Wochen zurückliegen.

Manche werden sich bewusst darüber, dass es bestimmte Erfahrungen in ihrer Kindheit waren.

Wir möchten Euch daran erinnern, mit welcher Macht Ihr Euch entschieden habt, in dieses Leben einzutreten. Wie Ihr Euch vom Zeitpunkt der Befruchtung in dem Körper Eurer Mutter machtvoll ausgebreitet habt, sie zu Eurem Wirt gemacht habt und Euch in rasantem Tempo in Euch selbst ständig vermehrt habt. Wie viel Macht steckt darin, aus solch kleinen Zellen wie einem Ei und einem Samen in kurzer Zeit so heranzureifen, dass Ihr den Weg in Euer Leben gehen konntet? Ihr mögt Euch nicht selbst daran erinnern, aber Eure Mütter werden es sicher noch können, wie oft sie Euren Bedürfnissen und Wünschen nachgegeben hat, als sie Euch in sich trug. Und dann war er da – der Zeitpunkt Eurer Geburt. Mag es nun sein, dass Ihr Euch mit Eurer Kraft durch den dunklen Geburtskanal in das Leben gepresst habt – mit großer Unterstützung Eurer Mutter – oder ob Ihr durch „Kaiserschnitt", wie Ihr es nennt, von Eurer Mutter getrennt wurdet, um selbstständig zu leben.

Diese Entscheidung, meine Lieben, habt auch Ihr getroffen, indem Ihr Euch für eine bestimmte Lage oder Situation im Leben Eurer Mutter entschieden habt. Und in jeder Entscheidung, die Ihr fortan in Eurem Leben getroffen habt, könnt Ihr durchaus Eure Kraft und Macht erkennen. Ob Ihr das nun für möglich und richtig haltet oder nicht, spielt dabei keine Rolle. Es ist Gesetz, meine Lieben.

Denn auch in Situationen, in denen Ihr glaubt, machtlos zu sein, habt Ihr entschieden, Eure eigene Macht nicht anzunehmen. Aber darauf werden wir noch näher eingehen.

Kommen wir zurück zum Zeitpunkt Eurer Geburt. Könnt Ihr Euch erinnern, als Ihr dann „das Licht der Welt" erblicktet? In diesem Augenblick schien es, als würde Eure Macht brechen, die Ihr bis dahin in jedem Augenblick Eurer Entwicklung spürtet. Denn dieser Augenblick verdeutlichte Euch den endgültigen Abschied von der Einheit. Nun war die Einheit mit Eurer Mutter „gekappt“. Ihr ward nicht mehr Eins mit ihr. Zum zweiten Mal erlebtet Ihr dies nun. Das erste Mal durch die Entscheidung, aus der göttlichen Einheit (als Lichtfunken) auszutreten und nun durch Eure Entscheidung, jetzt in das menschliche Leben einzutreten und „Euren Wirt“ zu verlassen.

Erkennt bitte, dass durch den Weg aus der All-Einheit, der Einheit mit dem Göttlichen über die Zeit im Mutterleib, in der Ihr vom Lichtfunken zum menschlichen Wesen geworden seid, ein sanfter Übergang für Eure Seele geschaffen wurde. Vom „Wir“ in der göttlichen Einheit über „Du“ mit Eurer Mutter zum „Ich“ in Eurer eigenen Körperlichkeit.

Und bis zum Zeitpunkt Eurer Geburt, dem Augenblick der Trennung vom Du, habt Ihr Eure Macht noch gespürt. Erst als „Ich“, als das kleine Wesen, das gerade neu geboren war, erkanntet Ihr, dass Ihr mit dieser Trennung oder diesen Abschieden scheinbar immer mehr von Eurer Macht verloren habt. Das glaubtet Ihr zumindest, denn Ihr fühltet Euch so abhängig von all denen, die direkt um Euch waren, so klein und hilflos auf einmal, so – ja – abgeschnitten. Manche Seele spürte ein deutliches Ausgeliefertsein und wollte dies vielleicht lieber schnell wieder rückgängig machen.

Nun – je nachdem, wie Ihr Euch entschieden hattet, fühltet Ihr Euch auch angekommen. Auch hier gab es den freien Willen Eures Seins.

Und dieser freie Wille ist es, der Euch immer wieder, über all Eure Leben, bei all Euren Erfahrungen, bei jeder einzelnen von ihnen, führt. Es liegt an Euch, wie Ihr ihn erfahrt und lebt.

Wir haben das Beispiel Eurer Geburt gewählt, um Euch zu helfen, dass Ihr erkennt, dass Eure Euch innewohnende Kraft und Macht Euch niemals verlassen hat.

Ihr wolltet Euch selbst erfahren und das immer wieder neu. Mal war Euer Übergang von Euch selbst leicht gestaltet worden, mal etwas schwieriger (meist bekamt Ihr Zweifel an dem, was Ihr Euch vorgenommen hattet) und mal habt Ihr vorher den Rückzug zum Wir angetreten. Immer, in jedem einzelnen Augenblick Eures Seins war und ist es Eure Entscheidung, wie Ihr ihn erlebt, meine Lieben. Ihr macht Euch alles selbst, Ihr seid die Macher und Macherinnen. Ihr macht – darin liegt Eure Macht und Kraft.

Und so dürfen wir Euch nun endlich offenbaren, dass es eine Eurer größten Illusionen ist zu glauben, Ihr wärt auch nur in einem einzigen Moment Eures Seins ohne Macht, machtlos. Denn auch diesen Augenblick kreiert Ihr Euch selbst – auch aus Eurer Macht heraus.

Und so ist Macht ein wundervolles Instrument in jeder Seele. Denn Macht ermöglicht dem freien Willen in jeder Seele überhaupt erst seine Existenz. Es gäbe keinen freien Willen ohne Macht.

Gerne würden wir wissen: was macht das mit Euch, wenn Ihr dies lest?

Natürlich mögen einige einwenden, dass sie ja als Neugeborene völlig schutzlos und abhängig von anderen waren. Ohne andere Seelen hätten sie sich nicht weiterentwickeln, nicht erwachsen werden können. Nun ja, natürlich ist dies ein wesentlicher Punkt. Und er darf und sollte Euch stets daran erinnern, dankbar dafür zu sein, dass es immer in Eurem Leben andere Seelen gab und gibt, die um Euch sind, Euch begleiten, für Euch sorgen, Euch unterstützen. Nur – inwiefern glaubt Ihr oft, Ihr wärt noch immer abhängig und schutzlos? In Wahrhaftigkeit wart Ihr es nie. Ihr wart immer geschützt und frei, Euren Weg zu gehen.

Jedes Denken, das ein anderes suggerieren möchte, ist reine Bewertung.

Oh, wir hören all die Einwände: da gibt es Kinder und Neugeborene, die ausgesetzt werden, die verhungern, die missbraucht werden. Oh ja, diese Seelen gibt es. Es gibt auch welche, die sich nicht bis zur tatsächlichen Geburt entwickeln, manche, die künstlich in Reagenzgläsern erzeugt und beobachtet werden. All diese Seelen, ja jede einzelne Seele sucht sich aus, welchen Weg sie gehen möchte. Es ist ihr freier Wille. Niemandem wird vorgeschrieben, was er wie zu erleben hat. Nein – das macht Ihr Euch alles selbst, dazu entscheidet Ihr Euch aus Eurem freien Willen heraus. Und die Erfahrungen, die Ihr in diesen Situationen macht, wolltet Ihr erfahren und erleben. Genauso wolltet Ihr es fühlen. Und Ihr bewertet es auch nicht in dem Sinn, wie es in Eurer Gesellschaft angesehen wird. Langsam, noch sehr zaghaft, öffnet sich das Bewusstsein dahingehend, dass es „wohl so hat sein sollen". Oft war es ein Ausspruch, der Trost spenden sollte – ebenso wie „Gott hat es wohl so gewollt."

Aber es war nicht Gott – und doch war es Gott.

Das Göttliche seid Ihr, meine Lieben! Das Göttliche ist alles, was ist – und es ist weder männlich noch weiblich. Es ist Alles. Und Alles seid Ihr. Ihr seid göttlich. Und Ihr habt entschieden, welchen Weg Ihr gehen wollt – immer und immer wieder.

Und so möchten wir Euch auffordern, Euch auch und schon hier in diesem Stadium Eurer Menschwerdung Euch Eurer Macht bewusst zu werden.

Unser Kanal hat die Erfahrung in diesem Leben gemacht, dass der ältere Bruder mit Kaiserschnitt zur Welt kam und sie mit einer „normalen" Geburt. Ihre Mutter war bei der Erstgeburt 39 Jahre alt, bei ihr 42. Von dem Augenblick an, an dem ihr ihre Mutter erzählte, dass die Geburt des Bruders ja so einfach war, fühlte sie sich schuldig, dass sie „normal" geboren wurde, dass sie ihrer Mutter schon damals so viele Schmerzen zugefügt hatte. Und all ihre Sorgen, ihre Blockaden, ihre Ängste dockten darauf an. Doch in dem Augenblick der Geburt selbst war sie glücklich, so glücklich, diesen Weg gegangen zu sein, den gesamten Prozess selbst durchlaufen zu haben, ja, selbst gestaltet zu haben und die spätere Ablehnung durch ihre Mutter, die ja nur scheinbar war, hat sie genau dahin geführt, dass sie glaubte, falsch zu sein, nichts richtig zu machen, abgelehnt zu werden.

Nun – wir möchten sagen, dass es genau dieser Weg war, den sie sich gemacht hat, um aus diesen Gefühlen durch ihre eigenen Erfahrungen herauszufinden. Denn da waren viele alte Schuldgefühle, die die Seele so sehr belastete, dass es diese Ablehnung brauchte, um all ihre alte Schuld überhaupt erkennen zu können und aufzulösen. Auch sie ist auf dem Weg, meine Lieben. Auf dem Weg, den sie erfahren wollte, um sich selbst wieder zu erheben und ihre Macht zu leben.

Darin verborgen liegt durchaus auch der Wunsch, durch eigene Erfahrungen zu erkennen, dass es auch andere Seelen gibt, die sich so erfahren haben. Das braucht Zeit. Das braucht Bereitschaft, erkennen zu wollen. Denn in diesem Erkennen verändert sich sofort das Gefühl des Abgetrennt-Seins, des Alleinseins und wird zur Bewusstheit, dass andere Seelen auch so erlebt haben, sich diese Erfahrung auch ausgesucht haben.

Und all das dient dem Ziel, die eigene Macht wieder anzunehmen.

Indem die Schuldgefühle erlöst werden, die darin verborgen liegen, kehrt Bewusstheit darüber in die Seele (und den Menschen) zurück, dass sie weder Opfer noch Täter, sondern beides gleichsam war und dass es lediglich der manifestierte Ausdruck des freien Willens gewesen ist, der diese Erfahrung überhaupt ermöglicht hat.

Schuld und Macht scheinen die beiden Seiten einer Münze zu sein. Der Rand der Medaille ist vielleicht die Angst. Mir kommt dazu das Bild, dass wir mit jeder Entscheidung, die wir treffen wollen, dürfen, sollen, diese Münze werfen. Zu welcher Seite wird sie fallen? Kennt Ihr das, wenn sich dann die Münze eine Zeitlang auf dem Rand dreht und keine Entscheidung fällt? Ist das nicht im übertragenen Sinn unsere Angst, unsere Unsicherheit, ob wir die Situation, die Herausforderung meistern können oder ob wir wiedermal „versagen", um uns dann im Versagen auch noch schuldig zu fühlen? Wie viele Entscheidungen treffen wir unbewusst in unserem Leben, um uns nicht wieder schuldig zu fühlen? Und wie klein fühlen wir uns dann?

Angst und Schuldgefühle

Es sind fürwahr alleinig zwei beherrschende Gefühle in Euch, die Euch scheinbar daran hindern, Euch in Eure eigene Macht wieder zu erheben, Euch in Eurer eigenen Macht zu erleben: Schuld und Angst.

Noch immer fühlt Ihr Euch so schuldig, Euer Lichtkonglomerat verlassen zu haben. Ihr glaubt, Eure Einheit verraten und damit zerstört zu haben. Das war bereits der Beginn des großen Gefühls der Schuld in Euch.

Und fast zeitgleich ist daraus Eure große Angst entstanden, Ihr könntet noch einmal in Versuchung geraten, Eure Macht zu missbrauchen, wenn Ihr sie erneut zulassen und leben würdet.

Aus Schuld und Angst heraus haltet Ihr Euch klein. Aus Schuld und Angst heraus bestraft Ihr Euch noch immer selbst.

Aber weder Eure Schuldgefühle noch Eure Angst hindern Euch daran, Eure Macht in Euch zu spüren. Wie oft grummelt diese Kraft, diese Stärke in Euch? Wie oft möchtet Ihr Euch erheben, möchtet Ihr schreien, möchtet Ihr für Ordnung sorgen in der scheinbaren Unordnung Eures Seins? Und schon sind Eure mentalen Strukturen zur Stelle, die Euch an Eure Schuld, an Eure Angst erinnern, die Euch wieder Eure scheinbare Unzulänglichkeit spüren lassen?

Und so wird jeder Versuch, aufzustehen und sich zu erheben, von Euch selbst sehr machtvoll im Keim erstickt, jeder gewollte Schrei, der Eurer Kehle entfahren möchte, hinuntergeschluckt.

Und schon ist der Moment vorbei zu handeln oder zu schreien. Euer eigener Wille hat seine Macht ausgelebt und Eure Stärke und Kraft unterdrückt.

Alles das könnt Ihr in Eurem Inneren genauso wie in Eurem äußeren Leben täglich erleben, nicht wahr?

Macht ist in jeder einzelnen Eurer Zellen enthalten. Machtvoll sind Eure Gefühle, wenn sie Euch in all ihrer Stärke überkommen. Das kennt Ihr alle – ob in Liebe, Furcht oder Wut.

Machtvoll sind aber vor allem Eure Gedanken, die scheinbar die Herrschaft über Euer Sein übernommen haben und scheinbar in der Lage sind, Euren Körperzellen und Euren Gefühlen ihren Willen aufzuzwängen.

So habt Ihr bereits im Anfang Eures Seins als Ich, als einzelner Lichtpunkt in Euch das so genannte Ego entwickelt und daraus in Folge die Fähigkeit zu bewerten. Indem Ihr Euch selbst schuldig gesprochen habt, habt Ihr Euch als unzulänglich, fehlerhaft, zerstörerisch oder was auch immer bewertet. Ihr habt damit selbst Euer Licht ausgeknipst, meine Lieben.

Und nachdem Ihr nun so viel Dunkelheit erfahren habt, so vieles in all Euren Leben und auch in Eurem jetzigen Leben erlebt habt, was Euch nicht wirklich und wahrhaftig dienlich war, weil Ihr Euren Gedanken und Eurem Ego die Oberhand gegeben habt und glaubtet, sie wüssten besser, was für Euch gut ist als Eure Gefühle, Eure Sensibilität, Eure Intuition Euch haben spüren lassen, ist nun die Zeit gekommen, dass Ihr Euch all dessen bewusst werdet. Dass Ihr Euch bewusst werdet, dass all Eure Bewertungen, Eure Einschränkungen, Eure Selbstbestrafungen zu weit gegangen sind. Dass sie Euch davon abgehalten haben, das zu sein, was Ihr in Wahrhaftigkeit seid: göttlich!

Was würdet Ihr denn gerne tun? Wie würdet Ihr denn gerne leben, meine Lieben?

Innen oder Außen?

Nun, so habt Ihr also auch bereits im zarten Alter eines Babys ein weiteres Mal verspürt, Ihr wäret abhängig, ausgeliefert und machtlos.

Doch je mehr Ihr Euch entwickelt habt, je größer und stärker Ihr wurdet, desto mehr wuchs auch der Wunsch in Euch, Eure Größe und Stärke wieder deutlich zu fühlen.

All die Zeit Eures Wachstums ward Ihr so sicher, Ihr bräuchtet Unterstützung und jemanden, der Euch Vorgaben macht, was Ihr tun und lassen solltet, was gut und was schlecht ist. Und doch war dieser große Drang in Euch, selbst herauszufinden, was für Euch gut und was für Euch schlecht ist. Seid ehrlich, Ihr Lieben. Ihr alle habt hin und wieder gerade die Dinge ausprobiert, von denen Euch gesagt worden war, sie seien schlecht für Euch. Ihr selbst wolltet erfahren, warum sie denn nun wirklich schlecht sein sollten. Erklärungen haben Euch dafür nicht gereicht, nicht wahr? So hat ein jedes Kind Sprünge von Mauern oder Bäumen gewagt, die ihm als zu hoch gezeigt wurden und so manches hat trotz deutlicher Warnungen die heiße Herdplatte berührt oder einen Finger in die Steckdose gesteckt.

Nun – schnell waren viele mit den Worten „aus Erfahrung wird man klug" dabei. Und schnell wurden die Probierenden, die Neugierigen dann gesichert in der Meinung, dass Erfahrungen mit Schmerz gleichzusetzen sind. Ist es nicht so in Eurem Leben?

Fragt Euch einmal, wann Ihr von Erfahrungen sprecht. Sehr selten sind es die schönen Dinge in Eurem Erleben, nicht wahr? Sehr selten macht Ihr schöne Erfahrungen, die in Eurem Gedächtnis Bestand haben. Erinnern könnt Ihr Euch meist an die so genannten schlechten, an die scheinbar schmerzhaften Erfahrungen.

Dabei gibt es Erfahrungen ja weder im Guten noch im Bösen. Immer wieder sind es die Gedanken, die Euch werten lassen und Euch ein Urteil darüber einflüstern, ob das Erlebte nun eine gute oder eine schlechte Erfahrung war.

Wenn Ihr Euch Eurer Erlebnisse und Erfahrungen bewusst werden wollt und die wichtige Botschaft, die sie Euch vermitteln wollten, erkennen wollt, so könnt Ihr dies nur und ausschließlich, wenn Ihr Euren Geist ruhen lasst. Denn auch dies ist Euch nicht unbekannt, nicht wahr? Erinnert Euch, wie oft Ihr frühere Erlebnisse, die scheinbar so traurig und schmerzhaft für Euch waren, nach einer gewissen Zeit, in der Ihr nicht mehr an sie gedacht und nicht mehr über sie nachgedacht habt, doch auf einmal ein so wundersames Zeichen gewesen zu sein mögen, dass sie Euch eine neue Richtung in Eurem Leben, einen anderen Blick auf das Geschehene beschert haben.

Und aus diesem Grund mahnen wir Euch immer wieder, alles, was Ihr erlebt, weder in gut und schlecht noch in richtig und falsch einzuteilen. Eure Urteile helfen Euch nicht auf Eurem Weg. Euer Erleben und das Zulassen dessen, was Ihr erfahrt, ist die einzig wahre Möglichkeit, Euch selbst zu entfalten. Denn alle scheinbar schmerzhaften Situationen hättet Ihr nicht erleben brauchen. Ihr selbst habt sie dazu gemacht. Es ist immer Eure eigene Wahl. Denn niemand kann von Euch verlangen, in Situationen zu bleiben, die Euch nicht das Gefühl von Wohlsein vermitteln, in denen Ihr Euch nicht geborgen und geliebt fühlt, in denen Ihr Euch verstellt, Euch an etwas Äußeres anpasst, was Euch selbst nicht passt. Dann, und nur dann, haben diese Situationen überhaupt die Möglichkeit, schmerzhaft für Euch zu werden. In keinem anderen Fall! Erkennt auch hier, dass es nur an Euch selbst liegt.

Und auch das, meine Lieben, hat durchaus mit Macht zu tun. Ist Euch das nicht bewusst, mögen wir Euch darauf hinweisen, dass Ihr selbst fürwahr Eure Macht missbraucht, indem Ihr für Euch Unangenehmes „aushaltet". Ihr wollt es dann wahrlich nicht anders erleben.

Oftmals gehen solche Situationen anfänglich damit einher, dass Ihr Euch nicht traut, für Euch einzustehen. Ihr erinnert Euch – und das geht in Bruchteilen von Sekunden in Eurem Gehirn vor sich –, was Euch einst gelehrt wurde über „Gehörigkeit", was sich gehört und was eben nicht, nach weltlicher Auffassung.

Nun, wenn Ihr erkennt, dass diese „Gehörigkeiten" immer daran gekoppelt sind, dass man sich „zugehörig" fühlen darf zu einer bestimmten Gemeinschaft oder eben nicht dazu gehört, sofern man sich „ungehörig" benimmt, dann erinnert Euch bitte wiederum an das Lichtkonglomerat, zu dem Ihr alle einst gehörtet.

Erinnert Euch, wie allein Ihr Euch danach oft fühltet. Daraus entstand der Glaube und die Hoffnung: wenn ich mich anpasse, gehöre ich dazu.

Ihr alle seid einst ausgebrochen aus dem Lichtkonglomerat, um Ihr selbst zu sein, Euch selbst in Eurer wahren Göttlichkeit zu erfahren und ab diesem Zeitpunkt wart und seid Ihr letztlich nur noch von dem Wunsch getragen, zu einer Gemeinschaft zu gehören, wieder in ein Konglomerat eingegliedert zu sein, Euren festen Platz in einer Gruppe oder Organisation – und sei es die Familie – einzunehmen. Dazu seid Ihr bereit, vieles zu tun und vieles von Euch selbst zu verleugnen, manches Mal sogar, Euch selbst aufzugeben – „zum Wohle der Gemeinschaft". Erkennt Ihr Euren Urschmerz?

Nur: im Lichtkonglomerat hattet Ihr Euren Platz. Dort brauchtet

Ihr nichts zu tun, sondern durftet erfahren, dass Ihr ausschließlich durch das, was Ihr seid und was Euch in Eurer wahren Essenz ausmacht, dazugehört.

Und wieder kommt ein Punkt. Und dieser Punkt war und ist wichtig. Darum noch einmal:

Ausschließlich durch das, was Ihr seid und was Euch in Eurer wahren Essenz ausmacht, gehört Ihr dazu.

Denkt einmal darüber nach. Am besten jetzt an dieser Stelle. Die Erkenntnis, die Ihr daraus ziehen dürft, ist so wahr wie gleichsam einfach: dort, wo ich nicht sein kann, wie ich bin, gehöre ich nicht hin. Punkt.

Und wir mögen Euch an dieser Stelle auch einen Trost mit auf den Weg geben: schaut zurück in der menschlichen Geschichte und prüft einmal, wie oft sich das, was sich scheinbar gehörte, immer wieder verändert hat.

Gab es im Römischen Reich nicht Ortschaften, in denen Verträge und große Geschäfte, die menschlichen Bedürfnissen entsprechen, gleichzeitig erledigt und abgeschlossen wurden? Heute gibt es – wie Ihr es nennt – das „stille Örtchen" und große Konferenzsäle. Nun – wir mögen nicht darüber urteilen, in welcher Örtlichkeit Größeres vollbracht wird.

Auch das Diktat der Mode, das ständigen Wandlungen unterlegen ist, hat Euch sicher selbst schon oft beim Betrachten alter eigener Fotografien zum Lächeln gebracht und Euch die Frage stellen lassen: „Wie konnte ich nur so herumlaufen?", nicht wahr?

Und so werdet Ihr in 10 oder 20 Jahren sicher auch über vieles lächeln können, was Ihr heute tragt und auch über das, was Ihr heute denkt und macht.

Alles, meine Lieben, unterliegt ständiger Veränderung. Aber Eure ureigene innere Essenz war, ist und bleibt beständig. Das, was Euch ausmacht, ist unverrückbar, ist Euer „Fels in der Brandung", wie Ihr es nennt. All die Liebe, die Ihr alle in Euch spürt, ist der größte Teil Eures Wesens. Und sie gilt es zuzulassen und zu leben. Ihre Macht ist fürwahr die größte im gesamten Universum. Und Ihr alle wisst, wie sehr Ihr liebt, wie sehr Euch Liebe erfüllt, wie sehr Liebe Euer Leben bestimmt.

Wir möchten Euch dazu auffordern, diese Liebe, die in Euch ist, wieder vollkommen zuzulassen. Ihre reine, verständige, barmherzige Kraft und Stärke ist Eure wahre Macht! Sie gilt es zu leben! In allererster Linie in Euch selbst und für Euch selbst.

Dualität

Überprüft einmal für Euch selbst, in welchen Situationen Eures Lebens Ihr Euch wahrhaft machtlos fühltet. War es einer Eurer Lehrer, der Euch zeigte, wie unzulänglich Ihr in seinem Fach seid oder der Euch zurechtwies? War es eine Eurer Bezugspersonen in der Kindheit (Vater/Mutter oder andere), die Euch glauben machte, Ihr wäret unzureichend in dem, was Ihr seid? Fühlt noch einmal zurück...

Vielleicht kommen Euch aktuellere Visionen und Bilder, Erinnerungen an Personen, die scheinbar so viel mehr wussten, so viel besser waren, so viel weiter, so viel... Fühlt, was diese Situationen und Begebenheiten in Euch bewirkt, in Euch ausgelöst haben.

Wie habt Ihr Euch verhalten? Wurdet Ihr zornig oder wurdet Ihr traurig? Habt Ihr geschrieen oder habt Ihr geweint? Was war es, was sich spontan in Euch zeigte? Aggression, Trauer, Zorn, Verzweiflung, Minderwertigkeit, Angst?

Seht, meine Lieben, all diese Emotionen sind letztlich alle daran gekoppelt, dass Ihr Euch so sehr fürchtet, für Euch selbst einzutreten. Ihr habt solch große Angst davor entwickelt, Ihr selbst zu sein, dass Ihr im Außen die Fähigkeit verloren zu haben scheint, Eure eigenen Grenzen zu schützen. Ihr lasst von Euren Brüdern und Schwestern zu, dass sie Eure Grenzen überschreiten, dass sie Euch missbrauchen, um eigene Ziele zu erreichen. Sei es, dass sie ihre eigene Aggression, ihre eigene Trauer, ihre eigene Wut, ihre eigene Angst oder ihre eigene Minderwertigkeit abgeben wollen und sich wie ein wunderschöner Pfau aufplustern, um Euch zu zeigen, dass Ihr ihre Grenzen zu respektieren habt und vielleicht ihren Wünschen und ihrem Willen Gehorsam zu schenken habt.

Oder sei es, dass sie sich selbst klein machen und Ihr ihre scheinbare Unwürdigkeit benutzt, um Euch selbst (über sie) zu erheben und Euch besser zu fühlen oder aber um ihnen durch Eure so selbstlose Art scheinbar Zuspruch zu geben, damit sie sich nicht mehr so minderwertig fühlen.

Erkennt bitte, dass dies nun Begebenheiten sind, in denen sich zwei Seelen gegenüberstehen, die dasselbe glauben nicht zu haben oder nicht durch sich selbst erreichen zu können. Die eine lebt ihre Macht aus, die andere traut sich nicht, das zu tun. Und wie schnell entsteht daraus ein Wechselspiel, nicht wahr?

In den allermeisten Fällen treffen solche Seelen ja deshalb aufeinander, weil sie sich spiegeln. Die Eine, die sich zurückzieht und klein macht, spiegelt der anderen ihre scheinbare Unzulänglichkeit und Minderwertigkeit. Die andere, die sich aufbäumt und groß macht, spiegelt der anderen meist ihre eigene Aggression oder ihre Wut oder ihren Zorn.

Beides sind Seiten ein und derselben Medaille. Und so ist es im Extremfall auch bei den von Euch genannten Amokläufern, die jahrelang all ihren Zorn, ihre Wut, ihre Aggression in sich selbst unterdrückt haben. Und irgendwann war es dann soweit, dass all die Unterdrückung zum machtvollen Ausbruch im Außen kam und „der Vulkan ausbrach“, das eigene Innere explodierte.

In kleineren Ausmaßen ist Euch allen wohl bekannt, dass Ihr selbst oft mit Euch hadert, Euch selbst auszudrücken, indem Ihr aussprecht, was Euch bewegt oder indem Ihr handelt, um Eure Grenzen zu wahren, was manches Mal damit einhergehen kann, die Grenzen, in denen Ihr bisher lebtet, zu sprengen.

Wurdet Ihr als Kinder schon als die einmaligen und besonderen Wesen und Seelen geachtet, die Ihr nun einmal seid, dann fällt es

Euch auch in späteren Jahren Eurer Entwicklung nicht schwer, für Euch einzutreten und Eure Grenzen zu wahren. Es sei denn, es gab Erfahrungen in Eurem Leben, die Euch mit der Macht einer anderen Seele konfrontiert haben in einer Weise, die bei Euch die Wunde der Minderwertigkeit (re-)aktiviert hat. Wohlgemerkt, sofern es nicht bereits von einer Eurer kindlichen Bezugspersonen Euch vermittelt wurde.

Die meisten Seelen erinnern sich jedoch schon an Erfahrungen in ihrer Kindheit, die sie haben klein und minderwertig fühlen lassen.

So oder so verbleibt ein unsicheres Gefühl in jeglichem Kontakt mit der Außenwelt, nicht wahr? Ein Gefühl von Minderwertigkeit und oft auch ein Gefühl der Schuld.

Beide können sich im Laufe der Zeit steigern in unermessliche Höhen. Das Gefühl schuldig, nicht gut genug zu sein, begleitet die Seele ab dem Augenblick der (Re-) Aktivierung ständig – ob sie sich dessen auch bewusst ist, ist dabei unerheblich.

Durchaus mögen sie Phasen begleiten, in denen sie sich gut und wertvoll empfindet. Aber: es braucht ab dem grundlegenden Erfahrungsmoment nie wieder solch tief greifende Augenblicke, um sich des Schmerzes und des Leids wieder zu erinnern.

Es ist wie bei einem neuen Acker. Eure Seele, die in ein neues Leben inkarniert, ist wie ein jungfräulicher Acker, der begierig darauf ist zu erfahren und zu erleben. Nun kommt zu dem jungfräulichen Acker der Bauer, der Samen ausbringen möchte. Es macht wahrlich bereits einen großen Unterschied, ob er dies mit Liebe zu dem Boden oder mit Liebe zu dem zu erwartenden Ertrag macht, ob er sich an dem Wachstum der Pflanzen erfreut oder in ständiger Sorge um das Wetter, möglicher Gefahren und „Pflanzenfresser“ befindet.

Was habt Ihr erfahren als Acker, als unschuldiges weites Feld? Wurdet Ihr eingegrenzt, eingezäunt, „jährlich“ umgegraben? Welche Samen an Erwartungen und Vorstellungen sollten in Euch reifen? Welche Ängste hatten Eure Bauern (Eure Bezugspersonen) und was alles taten sie – aus Liebe zu Euch –, um Euch vor aller Ungemach zu schützen?

Schaut – all das, was Ihr von Eurer äußeren Welt einst erfahren habt, hat Euch – wie Ihr es nennt – geprägt. Ihr wart ab dem Zeitpunkt Eurer Inkarnation diesen Begebenheiten scheinbar ausgeliefert und Ihr habt sehr wohl auch immer und ständig sämtliche Emotionen empfangen, die sich in Eurem Umfeld, wenn auch unbewusst, zeigten. Und Ihr habt darauf reagiert – auch oft unbewusst.

Und ich möchte, dass Ihr Euch Zeit nehmt, um die Situationen in Eurem Leben herauszufinden, in denen Ihr scheinbar re-agiert. Ihr scheint auf äußere Einflüsse eine eigene, ganz individuelle Aktion zu entwickeln. Denn nach einer (Re-) Aktivierung folgen in gleichen und ähnlichen Situationen (Re-) Aktionen.

Das bedeutet: Aktivierung führt zu Aktion. Wird aber etwas aktiviert, dann sind es immer Prozesse, die einem bestimmten Mechanismus folgen, den eine Seele bereits kennt. Und das heißt wiederum: es ist Euch nicht neu, worauf Ihr (scheinbar) re-agiert.

Und es ist wahrlich nicht neu! Nein! Es ist altbekannt, denn es sind alles Eure ureigenen Anteile in Euch selbst, die Euch entweder liebend oder wütend auf Begebenheiten im Außen re-agieren lassen.

Und auch dies ist ein sehr machtvolles Verhalten – unabhängig davon, in welche Richtung Euer emotionales Pendel gerade ausschlägt.

In allen Euren Reaktionen, in jeder einzelnen von ihnen, ist so viel Macht enthalten – auch und gerade dann, wenn Ihr Euch so machtlos fühlt. Ich frage Euch: was tut Ihr dann? Zieht Ihr Euch zurück? Weint Ihr und klagt, dass niemand Euch versteht? Glaubt Ihr, Ihr seid die einsamsten Wesen auf der Welt (übrigens das Urgefühl eines jeden aus der Einheit ausgebrochenen Lichtpunktes, der sich in seiner Macht erfahren wollte, das Konglomerat verließ und sich plötzlich – trotz dieser machtvollen Handlung – allein und verlassen fühlte)? Oder werdet Ihr wütend und schreit Euren Unmut heraus? Klagt Ihr die andere Seele an und sprecht sie schuldig für Euer Leid?

Ob Ihr jammert oder ob Ihr klagt – Eure Reaktion zielt immer darauf ab, Würdigung zu erfahren. Ob diese Würdigung nun darin bestehen soll, dass sich die Situation bitte augenblicklich zu verändern hat, indem die scheinbar die Situation auslösende Seele sich entschuldigt oder indem sie Euch als wunderbar anerkennt.

Ihr fühlt Euch nicht, weil Ihr Euch abhängig gemacht habt vom Außen! Das Außen, d.h. Eure Umgebung, Euer Umfeld soll Euch geben, was Ihr braucht, um Euch gut zu fühlen.

Und so seid Ihr der Acker, der sich scheinbar abhängig macht von dem Bauern und seiner Arbeit. Und Ihr seid in Wahrheit der Acker, von dem der Bauer abhängig ist, wenn Ihr es so sehen wollt. Denn ohne Eure Bereitschaft, äußere Erfahrungen zuzulassen, kann auf Eurem Acker nichts gedeihen, wachsen und reifen.

Und nun frage ich Euch: wer hat in Wirklichkeit die Macht?

Mir fällt dazu ein Beispiel mit meiner Mutter ein. Ich habe mich tatsächlich immer schuldig, nicht richtig gefühlt – und nie gleichwertig geliebt wie mein Bruder. Er schien von meiner Mutter immer bevorzugt zu werden. Oft behauptete ich, um mich selbst zu trösten, dass mich der Storch wohl vor der falschen Tür abgelegt hatte. Ich fühlte mich nicht zugehörig und hielt mich selbst meist zurück. Aber in mir bäumte sich immer wieder Wut auf, die ich nicht ausleben konnte, damit ich nicht wieder dieses Schuldgefühl verstärke, das sowieso mein ständiger Begleiter war. Oft wusste ich nicht, was ich tun könnte, um auch zu dieser Einheit gehören zu dürfen. Ich ließ mir alles Mögliche einfallen, aber was ich auch tat, wurde entweder nicht gesehen, geschweige denn anerkannt, oder es gelang mir erst gar nicht, ging schief. Das Schimpfen und die folgenden Bestrafungen, wenn ich mal wieder etwas nicht richtig gemacht hatte, verstärkten natürlich wieder meine Schuldgefühle. Es war ein immer währender Kreislauf, so schien es mir.

Ich spürte oft, wie überfordert meine Mutter mit uns Kindern, ihrer Arbeit, ihren eigenen Kämpfen um Liebe und Anerkennung war. Und ich wollte ihr so gerne das Gefühl geben, dass ich sie liebe, dass ich sie anerkenne. Aber – es schien mir immer so, als würde es nicht wirklich bei ihr ankommen. Heute ist mir bewusst, dass es auch nicht ankommen konnte, denn es war nicht ehrlich und aufrichtig von meiner Seite, sondern meist nur aus dem Impuls heraus, etwas wieder gut zu machen oder die „Wogen zu glätten" oder um endlich doch die Anerkennung und Liebe zu erhalten, nach der ich mich so sehnte und nicht glaubte, sie zu bekommen. Als Heranwachsende ging ich dann in den offensichtlichen Protest. Das Leben zu Hause wurde zu einer Art Kampf. Jetzt wollte ich nicht mehr klein beigeben, sondern um meine Anerkennung kämpfen – ich wollte endlich auch gesehen werden. Dazu machte ich jetzt Wellen, teilweise große Wellen. Natürlich führte das nur dazu, dass es immer mehr eskalierte. Ich wurde immer ratloser – meine Mutter und ich schienen teilweise völlig den Kontakt zueinander zu verlieren und, was mich noch trauriger machte: ich fühlte mich noch mehr abgelehnt. Meine Mutter erwog sogar, mich wegzugeben, mich in ein Internat zu schicken, was sie mir aber nicht sagte, sondern mich nur eines Tages darauf hinwies, es läge Post auf dem Schreibtisch. Diese Post war das Prospekt eines Internats. Einerseits war ich so tief getroffen, dass ich es kaum aushielt und andererseits erhielt ich durch diese Aktion meiner Mutter doch wieder die Bestätigung meiner eigenen inneren Überzeugung: ich gehöre hier nicht dazu, ich bin nicht richtig.

Eines Tages gab mir eine Lehrerin die Empfehlung, mich einmal in die Lage meiner Mutter zu versetzen. Das war sicher der Weckruf an mich, zu meiner Liebe zu ihr zurückzufinden. Meine Lehrerin empfahl mir dann, doch einmal abends, wenn meine Mutter nach Hause kommt, sie zu fragen, wie denn ihr Tag gewesen ist.

Na ja, wenn's hilft, dachte ich, versuche ich es einmal. Also wartete ich gleich an diesem Tag auf meine Mutter und fragte sie – so liebevoll, wie es mir damals möglich war: „Na, wie war denn dein Tag?" Kaum hatte ich diese Frage ausgesprochen, explodierte der Vulkan in meiner Mutter und sie antwortete voller Aggression und Zorn: „Wie soll er schon gewesen sein? Lass mich in Ruhe..."

Durch die so früh erfolgte Aktivierung meines Schuldgefühls, des Glaubens, nicht gut genug zu sein, nichts richtig zu machen, nicht liebenswert zu sein, habe ich viele Versuche gestartet, das Gegenteil zu beweisen.

Heute ist mir dieser Mechanismus bewusst. Dafür habe ich lange Zeit gebraucht, mich immer wieder mit allem, was ich mit meiner Mutter erlebt habe, auseinandergesetzt und immer mehr Klarheit darüber erhalten, welches Spiel wir miteinander gespielt haben. Es führt an dieser Stelle viel zu weit, das alles zu erzählen, aber ich hoffe, Euch ein Gefühl dafür gegeben zu haben, zu was schon kleine und größere Kinder in der Lage sind. Das Fühlen und Wahrnehmen bestimmt unser Leben!

Und noch heute ist es manchmal so, dass ich mich zurücknehme, nicht ausspreche, was ich eigentlich sagen möchte, mich verbiege, Dinge mache, die ich glaube, in diesem Moment tun zu müssen, damit sich ein anderer besser oder gut fühlt.

Es ist ein Weg... Wir üben täglich! Schön ist es, Momente zu erleben, in denen ich wage, mich selbst zu leben, mich so auszudrücken, wie ich gerade empfinde, einmal „Nein" zu sagen und dann zu spüren: es wird mir gar nicht böse genommen, sondern: es wird akzeptiert! Ich werde – trotzdem oder gerade deshalb – geliebt, denn das BIN ICH! Und das fühlt sich richtig gut an!

Diese Ausführung mag Euch gereichen, um das in Euch auszulösen, was notwendig ist, um Euer Bewusstsein dahingehend anzuheben (und das hört Ihr immer gern, nicht wahr?), Euch klar zu machen, dass Ihr es selbst seid, die MACHT haben oder die MACHT abgeben. Immer und immer wieder ist es die große Freude und Ehre, die Euer Leben begleitet, die darüber entscheidet, ob Ihr MACHT lebt oder Euch scheinbar ohnmächtig der MACHT ergebt: Euer freier Wille!

Macht, meine Lieben, habt Ihr in jedem einzelnen Augenblick Eures Seins. Und es ist an der Zeit, dass Ihr Euch dessen bewusst werdet. Denn es ist an der Zeit, Euch und Eure Welt zu verändern, Euch einzulassen auf all die Veränderungen der Neuen Zeit. Denen seid Ihr nicht, wie Ihr vielleicht gerne annehmen mögt, machtlos ausgeliefert. Ihr habt die Macht, diese Veränderungen mitzugestalten. In allererster Linie in dem, wie Ihr sie erleben wollt.

Ihr alle spürt, dass eine Neue Zeit nun angebrochen ist. Aber wie begrüßt Ihr sie? Mit Freude oder mit Angst? Es liegt gleichsam an Euch, wie Ihr sie erfahrt, denn es liegt einzig und allein in Eurer Macht, Euer Leben zu gestalten, an Eurem freien Willen, Erfahrungen willkommen zu heißen oder abzulehnen.

Ihr **m a c h t** Euer Leben, Ihr **m a c h t** Eure Welt. Und das habt Ihr fürwahr schon oft gezeigt und bewiesen.

Ein Gleichnis

Der Acker und der Bauer war unser letztes Thema, unser letzter Ansatz, um Euch den Irrglauben Eurer Machtlosigkeit vor Augen zu führen.

Gehen wir nun einen Schritt weiter. Stellt Euch nun vor, Ihr seid der Bauer. Ihr begutachtet den Acker, hegt und pflegt ihn, düngt ihn, prüft seine Beschaffenheit und überlegt, welche Pflanzen auf ihm gedeihen können. Ihr entscheidet Euch für eine Art und sät sie aus. Immer wieder kontrolliert Ihr ihr Wachstum, unterstützt sie dabei. Ihr kümmert Euch um Euren Acker und hofft auf eine gute Ernte.

Mit jedem Mal, wenn Ihr Euren Acker besucht, werdet Ihr ein Teil von ihm.

Ihr seid beides: Ihr seid Acker, Ihr seid Bauer.

Und so ist es in Eurem ganzen Leben, meine Lieben. Heißt es nicht schon in der Bibel: „Ihr erntet, was Ihr gesät habt“? Und wenn einer sät, muss der andere dafür sorgen, dass die Saat aufgeht. Ein Wechselspiel, nicht wahr? Ein wundervolles Wechselspiel des Gebens und Nehmens tut sich fürwahr in diesem Bild unseres Ackers und unseres Bauers auf.

Nehmt dies in Euch auf und Ihr werdet lernen, in jeder einzelnen Situation Eures Lebens – und mag sie Euch noch so unbedeutend erscheinen – zu prüfen, ob Ihr nun gerade der Acker oder der Bauer seid.

Fürwahr gibt es natürlich noch die wichtigen, nicht zu unterschätzenden Bedingungen, die sowohl für den Acker als auch für den Bauern entscheidend sind, ob das Vorhaben der Aussaat und die Handlung, die Ausführung der Aussaat und seine Pflege auch zum Erfolg führen.

Bilden die Basis zunächst der Boden, seine Dichte, sein Nährstoffgehalt und viele andere Faktoren, sind darüber hinaus die Wetterverhältnisse entscheidend, ob die Saat aufgehen wird. Und ein ganz erheblicher weiterer Faktor ist die Frage, ob der Bauer seine Arbeit mit Liebe erfüllt, ob ihn seine Arbeit mit Liebe erfüllt. Ein Bauer, der bei der Aussaat hetzt, der mit dem Boden kämpft und in seinen Gedanken bei anderen Dingen weilt, wird es nicht zu dem gewünschten Erfolg bringen. Denn Ihr wisst bereits: alles lebt. Und alles Leben will mit Achtung, Respekt und Liebe behandelt werden. Und Ihr wisst es vielleicht auch: alles fühlt. Und alles, was sich nicht beachtet, nicht geachtet fühlt, fühlt sich minderwertig und schuldig und klein.

Das kennt Ihr, nicht wahr? Und das kann auch der Acker spüren. Sofern er diese Gefühle spürt, weil die Unachtsamkeit des Bauers sie hervorruft, wird er keine gute Ernte bringen können. Und was geschieht dann mit dem Bauern? Jawohl – er fühlt sich dann selbst minderwertig, schuldig und klein.

Ich möchte Euch mit diesem einfachen Beispiel nur noch einmal (denn Ihr habt es schon oft gehört und gelesen) verdeutlichen, dass alles in Beziehung miteinander steht. Eure ganze Welt, ja das ganze Universum ist ein Wechselspiel von Aktion und Reaktion, von Gedanken und Gefühlen, von Macht und Ohnmacht.

Und die Erkenntnis aus diesem Beispiel darf und kann nicht anders sein: Ihr seid immer sowohl Acker als auch Bauer! Und Ihr habt immer, in jedem einzelnen Augenblick Eures Seins die Wahl, ob Ihr ihn - diesen Augenblick - mit Liebe füllt oder nicht, ob Ihr das, was Ihr tut, mit Liebe tut oder nicht, ob das, was Ihr tut, Euch mit Liebe erfüllt oder nicht.

Liebe war und ist und wird in Ewigkeit die größte Macht des Universums sein. Daran zweifelt Ihr sicher nicht, wenn Ihr schon einmal wahrlich eine andere Seele von Herzen geliebt habt.

Die Macht der Liebe ist die größte Macht. Und sie ist allumfassend. Ihr kann sich nichts und niemand entziehen, denn sie ist die Essenz von allem. Auch von Euch, meine Lieben.

Nun könnten wir an dieser Stelle dieses Buch beenden, denn ein schöneres Schlusswort kann es wahrlich nicht geben.

Aber wir sind gerne bereit, Euch ein wenig weiterzuführen in der Unendlichkeit der wahren Machtverhältnisse, die Euch selbst ausmachen und die wirklich Euer Leben bestimmen und die Ihr alle so gerne immer wieder verneint, nicht wahrhaben wollt oder sogar ablehnt.

Mit allem, was Ihr ablehnt, meine Lieben, lehnt Ihr einen Teil Eures Selbst ab! Ist Euch das bewusst?

An dieser Stelle ist es Zeit, noch einmal zurück zu gehen zu Eurer irdischen Geburt, dem ersten Augenblick Eurer Geburt, was meist den Wechsel in Eurem Bewusstsein brachte von Eurer vorher so stark empfundenen Kraft, Stärke und Macht in das Gefühl der absoluten Abhängigkeit, Schutzlosigkeit, dem scheinbar absoluten Macht-Verlust. Alles war fremd, alles war kalt, Ihr wart allein... und schon war bei vielen Seelen das bisher unbekannte Gefühl da: Angst – ein wahrhaft mächtiges Gefühl.

Wer Angst hat, hat den Glauben an seine Macht verloren. Und so hat Macht natürlich auch mit Urvertrauen zu tun.

Sofern Urvertrauen vorhanden ist, ist auch die Bewusstheit der eigenen Macht vorhanden.

Macht und Urvertrauen sind letztlich untrennbar miteinander

verbunden. Und wer sich von Euch ein wenig mit der von uns vermittelten Chakren-Lehre auskennt, weiß, dass das Thema der Macht in Eurem Kehl- oder Halschakra liegt und das des Urvertrauens in Eurem Basis- oder Wurzelchakra. Diese beiden sind Partnerchakren, sie gehören zusammen.

Eine jede Seele, die Angst verspürt, fühlt sich nicht mächtig, nicht wahr? Eine jede Seele, die sich ohne Macht – ohn-mächtig – fühlt, hat Angst.

Eure Chakren, die Ihr auch Energieräder nennt, sind wahrlich ein wichtiger Teil Eures Ätherkörpers. Sie stellen die Verbindung zum Göttlichen her. Sie sind, wenn wir diesen Vergleich anbringen dürfen, wie Steckdosen in Eurer Wohnung. Ihr bräuchtet sie nur anzuzapfen und hättet die nötige Energie, die Euch scheinbar fehlt. Aber es ist in vielen Fällen so, dass Ihr ja vor einigen Steckdosen schon vor langer Zeit einen Schrank, ein Regal oder ein anderes Möbel gestellt habt und schon fast vergessen habt, dass dahinter ein „Energiespender" verborgen ist. Nur manchmal, wenn Ihr Frühjahrsputz macht und das Möbel verrückt, fällt Euch diese Steckdose wieder auf.

Und so ist es mit Euren Chakren letztlich auch. Ihr habt so oft vergessen, dass es nur ein wenig Mühe zu bereiten scheint, um sich wieder aufzuladen. Ihr macht es Euch selbst oft schwer und glaubt, lieber das Möbel nicht zu verrücken, um all den Dreck und Schmutz dahinter nicht sehen zu müssen.

Nun – im Laufe der Zeit wird er hervorquellen, denn dann ist es an der Zeit, für Ordnung zu sorgen.

„Wie im Innen, so im Außen!" – ein universelles Gesetz. Auch dies ist Eure machtvolle Entscheidung: wollt Ihr ein Leben in Reinheit und Ordnung oder wollt Ihr die Augen vor dreckigen

Ecken verschließen? Es gibt Seelen, die ständig putzen und Seelen, die selten putzen oder gar nicht mehr.

Nun – dazu möchten wir anmerken, dass Extreme letztlich immer zeigen, dass die eigene Mitte fehlt. Wer ständig kleinlich alles in seiner Wohnung reinigt, möchte sich nicht um Schmutzstellen im Inneren kümmern, weil dort vieles zu bergen sein könnte. Dort herrscht die Angst vor sich selbst vor. Sich mit dieser Angst auseinanderzusetzen, hat er ja keine Zeit, wenn er im Außen ständig putzt und reinigt.

Wer sich gar nicht mit häuslicher Ordnung und Reinigung seiner Wohnstatt beschäftigt, zeigt, dass er sich ohnmächtig ausliefert und ausgeliefert fühlt. Er glaubt, es hat keinen Sinn, sich um sich und seine Welt zu kümmern. Das zeugt von Gleichgültigkeit – natürlich in erster Linie sich selbst gegenüber.

Und – um es vorweg zu nehmen: diejenigen unter Euch, die sammeln und nichts weggeben und loslassen können, glauben nicht wirklich daran, dass für sie gesorgt ist. Das Urvertrauen fehlt, nicht wahr? Sie sammeln so viel Altes, damit bloß kein Platz für Neues ist. Denn Neues hieße Veränderung. Und bei diesen Seelen ist ebenfalls Gleichmut entstanden. Ihr nennt es Gleichgültigkeit. Sie glauben, nichts abgeben zu können, festhalten zu müssen, aber alles, was sie festhalten, ist ihnen oft nicht bewusst. Sie wissen oft nicht, dass sie es „noch haben". Und sie brauchen es auch in Wahrhaftigkeit nicht. Wäre es aber nicht mehr da, würden sie etwas spüren, was sie unbedingt vermeiden möchten: Leere. Und diese äußere Leere spiegelt die eigene innere Leere.

Seht Euch diese Seelen an, die meist ihre Tür nur noch einen kleinen Spalt öffnen können, nichts und niemanden mehr in ihrem Leben zulassen können, weil sie schon so viel haben, dass sie nicht mehr wüssten, wohin mit dem Neuen. Und doch heben sie alles, was ihnen zugetragen wird, auf.

Auch dahinter steckt Angst, meine Lieben. Diese Seelen verschanzen sich wie in einer Burg von wertlosen Dingen und eigenem Wertlosigkeitsgefühl. Sie haben Angst, gesehen zu werden. Sie haben ihre Macht schon lange vergessen.

Bei diesen Ausführungen passierte etwas in mir. Genau bei diesem letzten Punkt, hinter dem Satz „Sie haben ihre Macht schon lange vergessen", brach sich in mir etwas Bahn, was ich in dieser Stärke noch nicht gespürt hatte oder was in dieser Stärke bisher nicht zu mir durchdringen konnte. Es dauerte eine Weile, bis ich einen Namen für dieses Gefühl fand – es war Scham!

Ich kannte das Wort, aber ich hatte die Verbindung zu dem Gefühl verdrängt. Und auch dieses Wort hat eine besondere Form der Macht, wenn es ausgesprochen wird. In meiner Kindheit habe ich oft gehört: „Du solltest dich etwas schämen..." oder „Geh in die Ecke und schäm dich..." oder „Wie kannst Du nur? Schäm Dich!". Diese Sätze standen immer in Verbindung mit etwas, was ich ausgesprochen oder getan hatte, was wohl nicht dem entsprach, was von mir erwartet wurde.

Wir haben also gelernt, uns zu schämen, wenn wir wiedermal etwas scheinbar verkehrt gemacht haben. Also ist Scham auch verbunden mit einem Gefühl des „so nicht richtig Seins", der eigenen scheinbaren Unwürdigkeit und vielleicht sogar der eigenen Wertlosigkeit.

Geschämt habe ich mich dafür, dass ich an all dem, was ich hier empfangen und aufgeschrieben habe, in meinem Innersten gezweifelt habe. Immer wieder hatten sich Gedanken in mir ausgebreitet, was ich mir hier anmaßen würde, was ich mir überhaupt erlauben würde und auch Gedanken, dass es doch sicher niemanden wirklich interessieren würde. Ich stellte mich und das, was ich tat, permanent in Frage – oftmals natürlich ganz unbewusst, manchmal in Form von Zweifeln und manchmal mit der offensichtlich in meinem Kopf hämmernden Frage: „Was tust du hier eigentlich?"

In meiner Scham habe ich den Hochmut erkannt, der mein Arbeiten in Frage stellte, der alles beurteilen und richten wollte, niedermachen wollte, was ich bisher empfangen und geschrieben hatte. Ich habe all die Selbstzweifel erkannt und auch die Angst in mir gespürt – nicht gut genug zu sein, nicht würdig zu sein und auch die Angst, nicht anerkannt zu werden.

Der Drang zu schreiben wechselte sich so oft ab mit diesen Selbstzweifeln und der Angst.

Ich bekam Zeichen – mehrfach. So hatte ich das Wort „oktroyiert" geschrieben, das nun wirklich nicht zu meinem eigenen Sprachgebrauch zählt. Einen Tag später las ich das gleiche Wort in dem von Meister St. Germain übermittelten und von Petronella Tiller empfangenen Buch „Atlantis".

Als ich die ganzen Ausführungen vom Acker und Bauern empfangen und niedergeschrieben hatte, las ich in dem Buch von Glenda Green „Jesus spricht – Unendliche Liebe" – da stand ein Beispiel zu einem Acker und einem Bauern.

Ich konnte nicht weiterlesen. Immer wieder las ich die wenigen Sätze zum Acker und zum Bauern. Ich war erschüttert. Ich war so getroffen und betroffen, dass ich immer stiller in mir wurde – ganz still da saß... Diese große Erschütterung war da, so deutlich und doch nicht fassbar. Es war, als würde in mir selbst etwas gesprengt werden, dass so tief verborgen war über lange Zeit, dass ich mich scheinbar nicht mehr erinnern konnte.

Die Kraft und die Macht der Worte waren mir schon immer heilig! Und nun maßte ich mir an, sie zu bewerten, sie zu beurteilen, diese Worte, die da „einfach“ durch mich hindurch flossen, die ich empfing und aufschrieb? Wie hochmütig sich meine wertenden Gedanken über mein inneres Gefühl, dass es richtig ist, was ich empfing und meinen inneren Drang, alles aufzuschreiben und weiterzugeben, erhoben haben... Ich spürte ihn, diesen Machtkampf in mir so deutlich wie nie zuvor: mein Mental kämpfte gegen meine Empfindungen, meine Gefühle.

Und dann erkannte ich sie – diese uralte Angst in mir, die auch immer mit Worten verbunden war! Ich erkannte die Herausforderung und gleichzeitig das Geschenk in dieser Aufgabe: die Herausforderung, dem göttlichen Willen in meinem Leben (endlich) zu folgen und das Geschenk, meine so tief sitzende Angst in mir zu überwinden, (wieder) Missbrauch mit ihnen zu treiben.

Mir wurde noch etwas klar: je häufiger wir gehört haben „Du solltest dich 'was schämen“ oder ähnliche Sätze, desto mehr wächst dieses Gefühl des „nicht richtig Seins“ in uns, desto mehr wächst unsere Scham. Unsere gewachsene Scham zeigt sich dann versteckt in der Angst, etwas zu sagen oder zu tun.

Erinnert Euch daran, als Ihr es zum 1. Mal gehört habt, dieses „schämst du dich eigentlich nicht?“. Fühlt es... Was hat das mit Euch gemacht und in Euch ausgelöst?

Bei mir führte es dazu, dass ich mich jahrelang für alles entschuldigte. Ich war eine Meisterin darin, mich zu entschuldigen. Selbst wenn ich jemanden anrief, sagte ich oft schon als Einleitung: „Entschuldige, wenn ich dich störe...“

Ent-SCHULD-igung. Ich war sowieso Schuld – immer, egal, an was. Auch wenn es draußen regnete... zumindest fühlte ich es so.

Warum entschuldigen sich so viele Menschen immerzu? Dahinter steckt eine so tief sitzende Angst, falsch zu sein, etwas Falsches zu tun oder zu sagen, falsch zu reagieren! Falsch, falsch, falsch! Wer sich ständig entschuldigt, glaubt nicht daran, irgendetwas richtig zu machen! Wer sich ständig entschuldigt, richtet sich permanent und macht sich klein! Das ist würdelos! Das ist OhnMACHT, das ist Scham dafür, so zu sein, wie man ist! Und in dieser Scham liegt auch ein Ursprung für Hochmut, denn diese tiefe Scham gilt es ja nicht zu zeigen. Es darf ja keiner merken! Und mit dieser Scham, mit diesem sich so klein fühlen, glauben wir doch, wir seien nicht göttlich! Und uns selbst nicht göttlich zu fühlen, nicht zu erkennen, dass wir Teil Gottes und der Göttin sind, bedeutet, uns über das Göttliche zu stellen. Schwierig zu erkennen, nicht wahr? Denn wir fühlen uns doch so minderwertig, so ungöttlich. Allerdings sind es unsere eigenen Gedanken, die uns das permanent einflüstern! Es liegt immer an uns, ob wir das zulassen!

Wir haben dann und wann Angst oder Angst gehabt, wir könnten rot werden, wenn wir etwas tun oder sagen wollen. Kennt Ihr das? Dann ist doch dahinter immer die Angst, etwas tun oder sagen zu können, was als „falsch", als „nicht richtig" oder auch als „nicht gehörig" angesehen werden könnte. Wir trauen uns kaum, es zu tun oder zu sagen. Folgt dann z.B. ein Augenblick der Stille als erste Reaktion, werden wir rot! Wir haben es getan oder gesagt und nun... ist da diese Stille. Wir schämen uns und zeigen es durch unser Erröten! Folgt auf das, was wir getan oder gesagt haben, eine Ablehnung, finden wir darin wieder die Bestätigung dafür, dass wir besser hätten nichts tun oder sagen sollen. Dann sagen wir uns: „Ich hab's ja gewusst. Hätte ich besser nichts gemacht oder gesagt. Es ist ja wie immer." Damit fühlen wir uns noch minderwertiger, noch kleiner, noch schuldiger, nicht wahr?

Folgt auf das, was wir getan oder gesagt haben, eine Bestätigung oder sogar tosender Applaus, fühlen wir uns in erster Linie erleichtert – und erst im Nachgang gut. Richtig?

Erkennt Ihr, dass wir uns selbst schon von vornherein bewerten, verurteilen und klein machen? Wir können doch in keinem Zeitpunkt wissen, was das, was wir tun oder sagen, im Außen, in unserem Gegenüber, bewegt. Aber wir glauben es zu wissen... weil wir es vermeintlich schon kennen, wie es ist, wenn wir etwas machen oder sagen... Und so vermeiden wir unsere Handlungen und unsere Kommunikation oft aus Angst, hinter der sich letztlich eine Scham verbirgt, die wir seit langer, langer Zeit mit uns herumschleppen.

Die Scham, wurde mir klar, ist immer an ein uraltes Schuldgefühl gekoppelt!

Jetzt, wo ich das erkannte, wurde mir klar, dass Scham immer auch bedeutet, etwas verstecken zu wollen, was in uns ist – eine noch tief sitzende Wunde, etwas, was wir uns unbewusst heute noch vorwerfen, obwohl wir uns meist nicht an den Ursprung erinnern können!

Ich schämte mich so sehr dafür, dass ich den göttlichen Willen in meinem Leben in Frage gestellt hatte und so viele Vermeidungsstrategien – oft auch unbewusst – mir habe einfallen lassen, um ihm nicht zu folgen.

So viele Jahre lang wurde mir doch immer wieder gesagt, dass ich schreiben soll, dass ich schreiben muss, dass Worte meine Welt sind. Letztlich habe ich es schon gefühlt, als ich schreiben lernte. Jeder einzelne Buchstabe, den ich in Schreibschrift lernte, erfüllte mich mit so großer Freude und Ehrfurcht. Es war wie sprechen zu lernen – eine Ausdrucksform, die in aller Stille vollzogen werden kann und doch so viel bewirkt!

Als ich anfing, mich auf meine Seminare vorzubereiten und Skripte schrieb, fühlte ich sehr deutlich meine Angst vor der Größe der Worte, vor der Bedeutung der Sätze, die ich aussprechen wollte. Ich spürte auch die große Unsicherheit, ob mir jemand zuhören würde, ob man verstehen würde, was ich sagen wollte...

Unbewusst war mir immer klar, dass es der göttliche Wille in meinem Leben war und ist, mit Worten zu arbeiten! Aber ich hatte so viel dafür getan, ihn zu umgehen, mich meiner Aufgabe nicht zu stellen...

Und genau dieses Bewusstsein löste so große Scham in mir aus.

Was habe ich mir angemaßt, diesen Willen zu umgehen, an ihm immer wieder zu zweifeln?

Darüber wurde mir die Macht unserer Gedanken so deutlich, wie sehr sie uns dabei unterstützen, uns an uns selbst zweifeln zu lassen, uns unwürdig zu fühlen statt uns darin zu fördern, dass zu tun, was uns mit Freude und Liebe erfüllt.

Natürlich werden wir immer wieder dahin geführt, uns dieser Angst zu stellen, damit wir sie überwinden können und in uns unsere eigene Kraft und Stärke entwickeln können!

Überwinden können wir sie letztlich nur dadurch, dass wir uns ihr stellen, dass wir sie zulassen und trotzdem weitermachen und uns nicht mehr unserem inneren Richter ergeben und ihm Glauben schenken! Sobald wir denken – und das wurde mir jetzt wirklich bewusst – und bewerten, richten wir. Wir selbst sind uns die härtesten, unbeugsamsten Richter. Dadurch, dass wir unserem Denken, unserem so hochgepriesenen Verstand die Macht über unser Leben gegeben haben, haben wir ein eindeutiges und gleichzeitig das härteste Urteil über uns selbst gefällt: du bist ein Nichts, nicht würdig, nicht gut genug in dem, was du bist! Du musst dich anstrengen, gut sein, richtig sein... Wenn wir uns nicht erlauben, uns dem Weg der Bewusstwerdung zu stellen, kann dieses gesprochene Urteil lebenslänglich bedeuten.

Bei jedem Einzelnen von uns ist der Zeitpunkt dieser Urteilsverkündung ein anderer – letztlich spielt er keine Rolle. Es gab ihn – und wir haben begonnen, uns für das, was wir sind, endgültig abzulehnen und haben die Macht über uns und unser Leben im Außen lieber anderen übergeben. Freiwillig?! Resigniert! Mutlos! Hoffnungslos! Wir haben uns selbst zu dem „armen, kleinen Licht" gemacht, dass ja scheinbar sowieso nichts tun und schon gar nichts verändern kann...

Wir dürfen begreifen, dass wir uns selbst zu Opfern gemacht haben, weil wir scheinbar etwas taten, was nicht richtig, nicht angemessen war, dem andere gegenüber nicht wohlgesonnen waren. Aber es war ein Teil von uns, den wir ausdrückten und den wir dann verbannten und einsperrten, als wir sahen und spürten, was er bewirkt – aus lauter Angst, nicht mehr dazuzugehören, abgelehnt und nicht mehr geliebt zu werden.

Damit fangen wir unsere vielen Verbiegungen an, unsere Manipulationen in unserem Umfeld (bei Freunden, Partnern, in der Familie, im Beruf...) – und das alles nur, um zu erreichen, dass wir uns selbst wieder als würdig, als wertvoll empfinden können.

Damit machen wir uns sowohl zum Opfer und fangen unsere ganzen Jammertouren an („ich kann das nicht...", „ich schaff das nicht...", „ich doch nicht...") als auch zum Täter, weil wir ja unbedingt erreichen wollen, dass uns das, was wir scheinbar verloren haben, von unserem Umfeld gegeben wird. Wir möchten, dass da draußen – außerhalb von uns – doch bitte jemand ist, der uns am besten ständig sagt, wie toll wir sind, wie super, wie sehr er oder sie uns liebt. Und wenn uns das gesagt wird, können wir es nicht glauben, weil wir unsere Liebe zu uns selbst verloren haben. Also manipulieren wir weiter, damit wir noch mehr Anerkennung von außen bekommen – in der Hoffnung, dass wir uns dann endlich wieder gut und wertvoll und richtig fühlen könnten. Wir werden immer gieriger in diesem sinnlosen Spiel!

Frag Dich mal, wie weit Du dabei gegangen bist oder gehst!? Was alles tust Du, damit Dich das Gefühl des Geliebt-Seins erreichen kann? Kommt es wirklich zu Dir durch? Fühlst Du Dich wirklich geliebt?

Irgendwann drehte sich diese Scham in mir und mir wurde etwas klar: „Schämst du dich eigentlich nicht?“ heißt: „Weißt du, dass es etwas Großes, das Göttliche gibt und du ein Teil davon bist?“

Schämst Du Dich nicht, dass Du das verneinst, dass Du dieses Bewusstsein in Dir vergraben, versteckt und eingesperrt hast? Du bist ein Teil des Göttlichen – und das mit jeder Zelle Deines Seins! Ja, schämst Du Dich eigentlich nicht, dass Du das vergessen hast?

Weigern wir uns aus unserer Scham heraus, dem göttlichen Willen in unserem Leben wirklich zu folgen und das zu sein, was wir nun einmal sind... uns zu zeigen so, wie wir sind, das zu tun, was unsere Bestimmung ist?

Ich bin mir über meinen Prozess jetzt so sicher, dass wir alle unsere wahre Bestimmung kennen! Warum? Weil wir alle sehr genau wissen, was uns mit tiefer Freude und Liebe erfüllt!

Schaut Euch das Wort Scham einmal genauer an. Ihr braucht nur einen Buchstaben auszutauschen und die Reihenfolge der anderen ein wenig zu verändern und Ihr seid wieder da – bei der Macht! Nur das „S“ durch das „T“ ersetzen... Und das T ist in unserem Alphabet der dem S folgende Buchstabe. So liegt unsere Macht nur einen kleinen Schritt, einen kleinen Buchstaben entfernt von unserer Scham.

Erkennt Eure Scham und wandelt sie in Eure Macht! Und schon seid Ihr der 8, der Acht, der Unendlichkeit Eures eigenes Seins ein großes Stück näher gekommen, denn auch sie steckt ja in der Macht – und hat viel mit unserer SelbstACHTung zu tun!

Freut Euch, wenn Ihr erkennt, dass Ihr Euch schämt! Zieht Euch zurück und lasst zu, was geschieht! Es wird sicher auch für Euch ein wundervoller Prozess der Selbsterkenntnis und der Geburt Eures eigenen Seins in seiner, in Eurer ureigenen Würde! Halleluja!

Wo liegt Euer Fokus?

Die Not in Euch Menschenseelen besteht doch einzig und allein in dem Glauben, den Ihr in Euch tragt. Könnt Ihr das nicht sehen, Ihr Lieben? Mögen wir die Frage stellen: bist Du heute Acker oder Bauer, so glaubt Ihr, dass wir Euch nicht verstehen, vielleicht Euch verhöhnen, es uns vielleicht doch nicht geben mag...

Aber wenn wir Euch fragen: bist Du heute König oder Bettler, so kommt diese Fragestellung Eurem Denken schon ein wenig näher, nicht wahr?

Wir mögen sogar so weit gehen zu behaupten, dass Ihr uns auf diese Frage noch eher eine Antwort zu geben in der Lage seid als wenn wir Euch fragen würden: bist Du heute glücklich?

Was lebt Ihr? Was seid Ihr? Was fühlt Ihr? Was gebt Ihr? Was nehmt Ihr?

Warum glaubt Ihr zumeist nicht genug zu bekommen, genug zu haben? Worauf lenkt Ihr Euren Fokus?

In jeder der hier genannten Fragestellungen, angefangen von der, ob Ihr Euch als Acker oder als Bauer fühlt bis dahin, was Ihr nehmt tagtäglich, ist nur ein einziger wesentlicher Aspekt Eures Bewusstseins angesprochen – Euer Fokus! Und diesen Fokus könnt Ihr mit Eurer ureigenen Macht gleichstellen. Denn, meine Lieben, sofern Ihr glaubt, Ihr wärt nicht glücklich, Ihr hättet nicht genug („von was?", möchten wir fragen!), solange Ihr Euch in einem Mangel – egal, welcher Art – wähnt, solange setzt Ihr den Fokus auf Äußerlichkeiten. Solange Ihr so denkt und fühlt, seid Ihr weit, weit weg von dem Bewusstsein, was Euch an Fülle umgibt und welche Fülle Ihr selbst in Euch habt und welche Fülle Ihr in Wahrhaftigkeit seid!

Solltet Ihr hadern mit dem, was Euch das Leben bietet, möchten wir Euch auffordern, genau jetzt innezuhalten und die Werte Eures Daseins zu überprüfen!

Wenn wir von Fülle reden, so meinen wir göttliche Fülle, die zu leben und zu erfahren Ihr alle die Möglichkeit habt! Es liegt an Euch und Eurem Blickwinkel! Wenn Ihr Euch den materiellen Werten verschrieben habt, so werdet Ihr schnell in den Strudel geraten sein, der Euren Blick auf die wahre Fülle Eures Lebens bereits sehr früh verschlossen hat. Ihr werdet nicht mehr in der Lage sein zu erkennen, dass Ihr tagtäglich mit Nahrung, Wärme, Freiräumen und oft auch Liebe gesegnet seid, denn Ihr nehmt dies als vermeintlich selbstverständlich an – schließlich hattet Ihr nie Not an diesen äußerst wertvollen Werten Eures Lebens.

Mit Bedauern mögt Ihr schauen auf Eurer Meinung nach „arme Menschen", denen Ihr aber gerne aus dem Weg geht, nicht wahr? Kreuzen sie deutlich Euren Weg, dann gebt Ihr ihnen ein wenig ab von dem, was Euch so wichtig ist – Eurem materiellen Reichtum, nicht wahr? Und wie gerne tut Ihr dies zur Weihnachtszeit...

Warum? Um Euch freizukaufen von Eurem in Eurem Inneren das ganze Jahr über leicht blutendem Herz? Was wollt Ihr denn wieder gut machen? Erinnert es Euch an den Erlass Eurer eigenen Sünden, den Ihr in früheren Leben auch erkaufen konntet durch den zu zahlenden Ablass?

Jaja, wir provozieren Euch gerade ein wenig. Wir tun dies, um Euch wachzurütteln. Denn all das, was Ihr über das ganze Jahr hinweg über Eure scheinbar notleidenden Brüder und Schwestern denkt, das soll nun von Euch genommen werden, nicht wahr? Das empfindet Ihr...

Was ist mit Eurer Not, Eurer tief in Euch vergrabenen Not? Auch Ihr leidet, nicht wahr? Warum?

All die Gedanken, die Euch weitertreiben zu schaffen, zu machen, zu tun, damit sich eines Tages erfüllen mag, wovon Ihr träumt; all die damit verbundenen Hoffnungen, die Euch ermutigen, weiterzugehen – was sind sie denn?

Es sind alles Gedanken und Träume, die Euch davon abhalten, Euer Herz zu spüren, Euer Hier und Jetzt wahrzunehmen, zu erkennen, was Ihr seid, was Ihr habt, was Ihr liebt. All dies hält Euch ab von Eurem wahren Sein. Und Ihr glaubt, Ihr könnt es auf Morgen verschieben? Ihr seid so sicher und so hochmütig zu glauben, dass Morgen... in einem Jahr... in zehn Jahren... alles für Euch besser ist? Wie soll es das nur sein, meine Lieben? Wie soll es möglich sein, dass sich in Eurem Leben etwas verändert, wenn Ihr es nicht in Euch verändert?

Ihr seid hochmütig, wenn Ihr solchen Gedankenstrukturen die Macht in Eurem Leben übergebt, denn Ihr wisst noch nicht einmal, was in der nächsten Stunde Eures Lebens geschieht. Ihr glaubt es nur zu wissen, nicht wahr?

Wir wissen, dass Ihr diesen Ausführungen sehr wohl zustimmt. Aber Ihr glaubt, nicht in der Lage zu sein, Euren Fokus zu ändern?

Wir trösten Euch gerne: Euer Fokus ist immer auf Euren eigenen Fortschritt ausgerichtet – ganz unbewusst bewusst sehr oft. Und wenn das Unbewusste dann zutage tritt, seid Ihr erschüttert, weil es nicht dem entspricht, was Ihr glaubtet. Dann bricht meist etwas so scheinbar Großes in Eurem Leben zusammen wie eine Karriere, eine Familie, ein Bankkonto, die Gesundheit. Diese schon weithin bekannten Weckrufe Eurer Seele sind es, die wahrhaft Bestand haben in Eurem Leben, die Euch zeigen, welcher Weg nun gerade ein Irrweg gewesen ist – und mögt Ihr ihn noch so lange beschritten haben.

Die Frage, die sich stellt, ist immer wieder dieselbe: wem oder was gebt Ihr die Macht in Eurem Leben? Warum verschließt Ihr das, was Euch genau sagen kann, was gut für Euch ist und lasst Euch auf Illusionen vielfältigster Art ein?

Euer Bauchgefühl, Euer Herz weiß immer den wahren Weg zu weisen. Und Ihr vertraut ihnen nicht?

Macht Ihr Euch scheinbar abhängig, mögt Ihr Euch wie der Acker fühlen. Glaubt Ihr, scheinbar bestimmen zu können, was wachsen wird aus dem, was Ihr tut, was Ihr sät, wähnt Ihr Euch als Bauer...

Doch die wahre Größe, die wahrhafte Macht zeigt sich immer im Zusammenspiel – ob zwischen Acker und Bauer oder Mitarbeiter und Chef oder Geliebter und Geliebtem. Es ist das Herz, das den Ausschlag gibt... Die Liebe!... Immer!

Es braucht einen Moment, sich das bewusst zu machen. Scheint doch so vieles in unserem Leben ohne Liebe zu sein! Aber es ist Zeit, diesen Trugschluss endlich zu verlassen. Denn auch die scheinbar dunkelsten Momente in unserem Leben sind niemals ohne Licht und ohne Liebe. Wie viele Erfahrungen haben wir alle schon gemacht, die uns letztlich geholfen haben zu erkennen, wie viel Liebe wirklich in ihnen steckte? Natürlich ist es uns oft nicht möglich, dies wahrzunehmen, wenn wir vor lauter Schmerz und Leid weder ein noch aus wissen. Aber wenn wir diese scheinbar „dunklen Täler" durchschritten haben, dann ist da wieder etwas in uns, das uns Mut gibt, das uns weiterleben, weitergehen lässt...

Und wenn wir uns von dem Zentrum des Schmerzes und des Leids dann ein wenig entfernen, erkennen wir das Licht wieder. Noch ein Stück weiter auf unserem Weg ist es uns auch möglich zu begreifen, dass in diesem Tal wieder einmal ein großes Geschenk für uns gelegen hat.

Es kommt letztlich immer darauf an, worauf wir selbst unseren Fokus setzen. Es steht uns frei, unser ganzes Leben damit zuzubringen, uns zu grämen, dass wir eine traurige und schmerzhafte Kindheit gehabt haben, dass wir uns immer so allein fühlen, dass wir nicht glauben, geliebt zu sein oder gar liebenswert zu sein oder ob wir an uns selbst glauben, dem, was wir sind, vertrauen und das, was wir mit Freude und Liebe tun, auch wirklich umsetzen. Auch, ob wir den Weg der Bewusstwerdung gehen wollen um zu erkennen, dass wirklich alles, was wir erlebt haben - und mag es noch so schmerzhaft gewesen sein -, die Aktivierung eigener, alter Wunden war und die Aufforderung, uns ihnen zu stellen und sie zu erlösen, damit wir frei leben und wirken können in dem, was wir sind, was uns ausmacht!

Eure eigenen Stopp-Schilder

Nun mögen wir einen weiteren Schritt in Eurer eigenen Ent-wicklung oder besser gesagt: Ver-wicklung mit Euch gehen. Denn aus Eurem Ursprung als Lichtfunken der Einheit herausgegangen zu sein, hat Euch wahrlich tief verwickelt – immer und immer wieder.

Was, glaubt Ihr, war Eure Mutter für Euch? War sie der Acker oder der Bauer? Was wart dann Ihr? In dieser symbiotischen Beziehung hattet Ihr all das, was Ihr schon kanntet: all die uneingeschränkte Liebe (diesmal von Eurer Mutter, die vieles, sehr vieles auf sich nahm – physisch und psychisch), um Euch Euer Leben als menschliches Wesen zu ermöglichen. Ihr könntet all diese Zeilen nicht lesen, hätte sie es nicht für Euch möglich gemacht. Ist Euch das bewusst? Nun – die Auseinandersetzung mit Eurer Mutter, der von Euch erfahrenen Mütterlichkeit, begann wohl bewusst auch erst zu einem späteren Zeitpunkt, aber wir mögen Euch gerne immer wieder daran erinnern, welch große Bereitschaft und Handlung in einer jeden Mutter vorhanden ist, die ein Kind zur Welt bringt – ob als Tier oder Mensch, denn alle Säugetiere haben hier fürwahr eine unausgesprochene, leider nicht oft genug gewürdigte erste Anbahnung an das Sein geschaffen. Diese Nabelschnur, die Euch verbunden hat und ständig mit allem versorgte, was Ihr brauchtet, ist vergleichbar mit der Silberschnur, die Ihr in Euren feinstofflichen Körpern immer mit Euch tragt und die Euch immer versorgt mit all dem göttlichen Licht und der göttlichen Liebe, die Ihr gleichsam für Euer Erdendasein benötigt wie die Nabelschnur Eurer Mutter – ob Euch das bewusst ist oder nicht.

Beide Verbindungen enden nie! Sie sind allgegenwärtig und werden leider oft vergessen. So wird das Göttliche, Eure Verbindung zu Eurem wahren Ursprung, ab einem bestimmten Augenblick von Euch nicht mehr wahrgenommen und Eure Mutter ab einem bestimmten Ereignis von Euch abgelehnt.

Nun – nach Eurer Geburt – und hier waren wir bei unseren Ausführungen stehen geblieben – fühltet Ihr Euch plötzlich getrennt. Aber es war nicht plötzlich, es kam nicht ohne Zeichen. Da waren Wehen, da war Euer Weg Richtung Geburtskanal, zu dem Ihr Euch aufmachtet, indem Ihr Euch legtet, drehtet, Euch in die für Euch beste Position bringen wolltet. Ihr habt es vielleicht vergessen – aber auch diese Position zu finden war Eure freie Wahl, lag in Eurer Macht. Manches Mal erblicktet Ihr das berühmte „Licht der Welt", indem Ihr Euch durch den scheinbar so engen, dunklen Geburtskanal gezwängt habt – wohlgemerkt immer mit großer Unterstützung Eurer Mutter. Manches Mal aber wähltet Ihr auch einen anderen Weg, der Euch wohl leichter erschien. Warum daraus Begriffe wie Kaiserschnitt in Eurer Wortwahl entstanden, ist uns schon bewusst. Euch auch? Wie ein hofierter Kaiser, wie ein Star, dem alles, was mit Mühen und eigener Anstrengung verbunden sein mag, erspart bleiben soll. Geburten mit Saugglocke und Zangen hören sich schon gefährlicher an als Kaiserschnitte, nicht wahr? Und sie sind es auch.

Ihr mögt aber nicht wahrhaben wollen, dass auch die Art geboren zu werden in Eurer eigenen Macht gelegen hat, nicht wahr?

Wann habt Ihr begonnen, „äußere Umstände" verantwortlich zu machen, dass es Euch so geht, wie es Euch geht, dass Ihr Euch so fühlt, wie Ihr Euch fühlt, dass Ihr so denkt, wie Ihr denkt und dass Ihr sowieso scheinbar nicht anders handeln könnt als so, wie Ihr handelt?

Was, Ihr Lieben, welcher Augenblick, scheint Euch so ent-machtet zu haben? Gewinnt bitte wieder ein Gefühl für Eure große Macht, für Eure ureigene Schaffens- und Schöpferkraft, die Euch von Anbeginn aller Zeiten innewohnt und die niemals endet.

Wie viele Leben habt Ihr schon gelebt und Euch als Opfer gefühlt? Wie vieles habt Ihr tatsächlich in Euren Leben schon getan, wie oft wart Ihr Täter? Und in beiden Positionen glaubtet Ihr zumeist, dass es die Umstände waren, die Euch keine Wahl ließen? Oh nein, meine Lieben! Eine Wahl hattet Ihr immer! So habt Ihr Euch mal für die eine Seite, mal für die andere entschieden. Es gibt durchaus viele Seelen, die von Anfang an mit ihrem Weg nicht wirklich haderten und sich immer in letzter Konsequenz für das Licht und die Liebe, die größten Mächte des All-Eins entschieden haben. Mal wurden sie geehrt, mal wurden sie geächtet.

Wir möchten Euch auffordern, Euren Blickwinkel zu verändern, indem Ihr Euer jetziges Leben auf ein Neues noch einmal reflektiert. Schaut Euch jede einzelne Situation, an die Ihr Euch erinnern könnt, noch einmal genau an! Wie oft wähntet Ihr Euch als Opfer? Was ist diesem scheinbaren Bewusstsein vorausgegangen? Was hattet Ihr getan, wofür Ihr glaubtet, „bestraft“ worden zu sein?

Diese Augenblicke Eures „Opfer-Lebens“ erkennt Ihr sicher um ein Vielfaches leichter als diejenigen, in denen Ihr Täter wart, nicht wahr? Denn immer dann, wenn Ihr Täter wart, glaubtet Ihr Euch ja im Recht. Was gibt es da zu reflektieren, nicht wahr? Aber als Ihr Opfer wart – nun ja – das war ja wahrlich eine ganz andere Situation, nicht wahr?

Erinnert Ihr Euch an das Stopp-Schild auf Euren Straßen? Wo steht es? Es steht immer dort, wo andere Vorfahrt haben, nicht wahr? Dort, wo andere Macht haben, ihnen Macht, Vorrang gegeben wird. Und – wie oft habt Ihr es überfahren? Die Macht der anderen nicht gewürdigt, Euch überlegen gefühlt? Solche Begebenheiten in Eurem Leben gab es viele.

Nun ja, Ihr mögt auch gerne der Illusion erliegen, dass Ihr eigentlich immer Vorfahrt gehabt hättet, andere Euch aber dieses Recht abgesprochen haben und Euch ausgebremst haben. Ist das wirklich so?

Sind nicht oft Eure vermeintlichen Rücksichtnahmen, die Erlaubnis, anderen die Vorfahrt zu lassen, Zeichen dafür, dass Ihr nicht an Eure eigene Macht glaubt, dass Ihr strauchelt und Angst habt, Euren Weg zu gehen? „Oh, da kommt gerade eine andere Seele angebraust und will schnell weiter. Dann lasse ich sie mal lieber vor – auch wenn ich jetzt eigentlich an der Reihe gewesen wäre." Und nachher grämt Ihr Euch und denkt: da, wo er / sie jetzt steht, wäre eigentlich mein Platz.

Wie oft habt Ihr Eure Macht abgegeben in Eurem Leben?
Wie oft glaubt Ihr, das „macht" ja nichts?

Sollen sie alle sehen, wie sie es machen? Und im Stillen denkt Ihr: ich hätte es besser gemacht.

Warum steht Ihr dann nicht da? Warum habt Ihr in Wahrhaftigkeit anderen die Vorfahrt gelassen? Warum fühlt Ihr Euch wieder als Opfer, als klein, als unbedeutend?

Es geht uns einzig und allein darum, Euch bewusst zu machen, dass Ihr sehr wohl in jeder, in absolut jeder einzelnen Situation Eures Lebens wie an einer solchen Vorfahrts-Kreuzung zu stehen scheint. Die Frage ist: was traut Ihr Euch zu? Wer hat Vorfahrt? Wer ist „im Recht"? Und wer hat die Macht?

Sich machtlos zu fühlen geht oft einher mit dem Wunsch, anderen die Vorfahrt zu gewähren. Im Nachhinein ist diese Macht-Abgabe allerdings meist mit hochmütigem Denken und Verhalten verbunden. „Ich hätte es besser gemacht", „Das wäre eigentlich mein Platz gewesen", „Ich wusste von Anfang an, dass er/ sie das nicht schafft." Jaja – aber wie groß war denn Eure eigene Angst davor, es nicht gut zu machen, Euren Platz dort nicht zu finden oder es – auch – nicht zu schaffen?

Werdet Euch bewusst über Euch und Euer Leben! Erkennt all die Kreuzungen, an denen Ihr gestanden habt und Euch für einen der Euch möglichen Wege entschieden habt.

Beschwert Euch nicht damit, Euch in Euren Gedanken verschiedene Konstruktionen zusammenzubauen, warum Euer Weg so und nicht anders war, sondern erkennt, dass Ihr selbst es wart, der / die an jeder einzelnen Kreuzung sich für einen Weg entschieden hat, den er / sie gehen wollte. Es war immer und jedes Mal Eure Entscheidung, Eure ureigene Entscheidung. Und Ihr wisst sehr wohl noch immer die Kreuzungen zu erkennen, an denen Ihr heute glaubt, falsche, in die Irre führende Wege eingeschlagen zu haben. Aber, meine Lieben, haben Euch nicht gerade diese Wege um ein Vielfaches mehr gedient als die geraden, auf der Überholspur führenden Strecken? Habt Ihr nicht durch die von Euch selbst konstruierten Umwege viel mehr erkannt als auf den geraden, einfachen, deren Ampeln Euch immer „grün" zeigten?

Ihr wolltet diese Wege alle gehen. Ihr habt es selbst gewählt! Es lag in Eurer eigenen Entscheidungsfreiheit, in Eurer ureigenen Macht.

Kommt zu Euch und erkennt dieses Wechselspiel! Wie oft habt Ihr anderen „grün" gezeigt aus Furcht, dass Ihr diesen Weg beschreiten müsstet? Und wie oft habt Ihr „gelb" signalisiert, damit alle auf die Bremse gehen? Wie oft wolltet Ihr „rot" und Stillstand erfahren? Stillstand, um Euch zu sammeln?!

Oh, wir spüren sehr wohl den Missmut einiger Seelen, die glauben, sie hätten nicht anders gekonnt, die Umstände hätten keine andere Entscheidung ermöglicht, sie hätten nicht anders entscheiden können usw.

Ein „Er-möglichen" bedeutet wahrlich immer, eine Möglichkeit zu haben.

Allen denjenigen, die bei diesen Ausführungen Zorn, Groll oder Wut in sich spüren, das Gefühl haben, nicht verstanden zu sein, mögen wir sagen: STOPP! Hört auf, mit Euren Gedanken Euch Eure Welt zu erschaffen, Euch zu rechtfertigen, warum Ihr einst so und nicht anders entschieden habt. Darum geht es doch nicht, Ihr Lieben!

Es geht einzig und allein darum zu erkennen, dass Ihr es seid, die in jedem, wirklich jedem einzelnen Augenblick ihres Lebens selbst entscheiden, was sie tun oder nicht tun. Und das ist Eure wahre Macht! Es gibt sie nicht wirklich, diese Euch scheinbar bremsenden äußeren Umstände. Die macht Ihr Euch selbst aus Eurer eigenen Schöpferkraft heraus. Alles, wirklich alles, was Euch scheinbar bremst, will Euch doch gerade darauf aufmerksam machen, dass Ihr einen Teil Eures ureigenen Potenzials nicht lebt, Euch nicht traut, Ihr selbst zu sein!

In Wahrhaftigkeit gibt es doch keinerlei Beschränkungen, keinerlei Verbote, die Euch hindern könnten, Euch selbst zu leben, Euer Potenzial zu entfalten, Euch zu verwirklichen.

Der Weg zurück hat begonnen

Einst habt Ihr Euch also verwickelt. Wir haben Euch bisher nur einfache Beispiele dafür gegeben, was Ihr alles tagtäglich tut. Ihr entscheidet Euch an Euren eigenen Kreuzungen, Euren Scheidepunkten, immer wieder für einen der Wege, die sich vor Euch offenbaren. Dies macht Ihr in jeder noch so alltäglich erscheinenden Situation.

Nun aber möchten wir Euch daran erinnern, wie viele Pioniere es schon auf Lady Gaia gegeben hat, die für enorme Neuerungen sorgten, für Vereinfachungen Eures täglichen Lebens.

Ihr habt das „Licht" erfunden, glaubt Ihr. Heute geht Ihr so selbstverständlich damit um, dunkle Nächte zu erhellen – per Knopfdruck.

Ihr habt so viele Seelen unter Euch gehabt, die Euch heute ein Leben in Wohlstand ermöglichen. Ohne sie gäbe es weder Eure Lampen noch Eure Fortbewegungsmittel noch Eure Wärme. Und all das wurde geschaffen aus einer Idee – einer Vision, die dem vorausging, was tatsächlich entstand. Nicht einer Eurer „Genies" war sich wirklich sicher, dass seine Erfindung wahrhaft funktionieren könnte. Was den Durchbruch zur Existenz und Weiterentwicklung einer jeden Idee, einer jeden Vision, einer jeden Erfindung brachte, war eins: der Glaube! Und heute seid Ihr alle gefordert, Euren Glauben zu prüfen. Alles das, was Ihr als so selbstverständlich in Eurem Leben erachtet, hat vielen Seelen zuvor viel Leid gebracht, viel Not, viel Hunger, manche durchaus auch dazu geführt, sich das geschenkte Leben zu nehmen. Immer und immer wieder taten sich bei allen große Zweifel auf. Und die kennt Ihr auch, nicht wahr?

Ihr habt Eure Idee in Euch, Eure Vision. Und Ihr habt fürwahr die Macht, dieser Idee Leben zu schenken – wie einem Neugeborenen. Ihr könnt sie wachsen und reifen lassen und ihr Schutz geben. Was Euch hindert, sind die Zweifel an Eurer eigenen Göttlichkeit, an Eurer Macht.

Es geht nicht mehr darum in Eurer Zeit, mehr Wohlstand zu schaffen. Ihr habt alle Annehmlichkeiten, die es braucht, um eigene Visionen leben zu können. Was es braucht ist Liebe in Euch, die Euch die Kraft gibt, Euren Weg zu gehen. Was es braucht ist Ehrfurcht vor Euch selbst, vor dem, was Ihr tief in Eurem Herzen spürt und von dem Ihr wisst, dass Ihr es tun müsst. Egal, was geschieht...

Jede, wirklich jede große Veränderung in Eurer menschlichen Geschichte wurde oft belächelt und diejenigen, die fest an sie glaubten, wurden gedemütigt, erniedrigt und waren vielerlei Sanktionen ausgesetzt. Was sie aber immer hat weitergehen lassen war ihr fester Glaube an das, was sie erreichen wollten, ihre Liebe für das, was sie taten.

Und diese Kraft wohnt einer jeden Menschenseele inne. Diese Macht habt Ihr von Anbeginn der Zeit in Euch.

Ihr alle seid auserwählt, dieser Eurer Welt all das Licht und all die Liebe zu geben, die sie wahrlich niemals wirklich verloren hat. Denn selbst in den dunkelsten Zeiten Eurer Geschichte gab es Licht, Liebe und Glauben, Stärke, Vertrauen und Zuversicht. Und all dies sind die wahrlich stärksten Wegbegleiter, die Ihr Euch erwählen könnt für Euren Weg.

Ihr alle seid Pioniere wie einst Ford, Edison, Benz, Otto, Gandhi, Martin Luther King und viele andere. All diese inkarnierten Seelen glaubten an die Menschen und liebten! Sie liebten ihre Vision, sie liebten Fortschritt, sie liebten Menschen. Wie viele von ihnen leiteten eine neue Zeit ein?

Und heute seid Ihr es, die aufgefordert sind, eine neue Zeit einzuleiten, einen neuen Weg auf Mutter Erde, die Euch immer voller Vertrauen und im festen Glauben an Euch unterstützt hat und zu Euch gestanden hat.

Jede einzelne Menschenseele ist aufgefordert, in die eigene wahrhafte Macht zurückzufinden, die von Anbeginn an in Euch ist: Eure ureigene Liebe, Euer wahres Licht, das nichts anderes ist als reine Liebe.

Ihr sehnt Euch so sehr nach Liebe, nicht wahr? Aber spürt in Euch, wie viel Liebe ist! Ihr braucht sie nicht suchen, Ihr braucht sie nicht zu erwarten. Ihr seid es! Und Eure Liebe ist Eure größte und stärkste Macht! Mit ihr könnt Ihr Eure Welt sofort verändern. Schaut hin, was gerade jetzt überall auf der Welt geschieht! Spürt Ihr die Liebe? Könnt Ihr sie wahrnehmen?

Ihr werdet zu der Einfachheit Eures Herzens zurückfinden, denn diesen Weg habt Ihr selbst gewählt! Die Einfachheit Eures Herzens ist so leicht, dass es Euch so schwer fällt aufgrund Eurer machtvollen mentalen Strukturen, sie zu erkennen: in der Einfachheit Eures Herzens liegt Vertrauen, liegt Zuversicht, liegt Glaube, liegt Hoffnung. Aber – es liegt dort auch etwas, was Ihr Euren Herzen einst abgesprochen habt und dennoch tief in Euch wisst, dass es noch immer auf Euch wartet: es ist die Größe und die Macht Eurer eigenen Liebe zu Euch selbst, zu Eurer wahren Essenz.

So viele Bühnen habt Ihr Euch erschaffen, so viele Schauspiele aufgeführt um zu vermeiden, die Kraft Eures Herzens wieder zu spüren. Mauern habt Ihr gebaut um Euren Lebensgeber, Dornenhecken errichtet und geglaubt, Ihr wäret dadurch geschützt. Kalt seid Ihr geworden, nicht wahr? Kalt geworden, weil Ihr Euch so sehr bemüht habt, nicht mehr zuzulassen...

Ihr wolltet den Fluss des Lebens stoppen, indem Ihr Euch selbst abschneiden wolltet von all dem, was Euch wahrhaft ausmacht, von all Euren Gefühlen, Euren Empfindungen.

Das war Euer freier Wille.

Und nun schaut hin: hattet Ihr Erfolg mit Eurer Strategie? Glaubt Ihr, dass Euch all die inneren und auch äußeren Mauern schützen können vor dem, was Ihr erlebt?

Solange Ihr lebt, meine Lieben, seid Ihr mit Euren Gefühlen eng verbunden. Es gibt nicht einen einzigen Moment in Eurem Dasein, der ohne ein Gefühl ist.

Ihr glaubt aber oft, Ihr könntet Eure Gefühle bestimmen, nicht wahr? Und doch wisst Ihr genau, dass dem nicht so ist, denn je mehr Ihr von Eurer mentalen Seite Befehle an Eure Emotionen und an Euer Herz versucht zu erteilen, desto weniger werdet Ihr Erfolg haben. Jedes Gefühl, dass Ihr versucht zu unterdrücken, wird sich in Euch aufbäumen in seine Kraft, noch stärker werden und mächtig entladen. Ist es nicht so?

Selbstredend mögen manche Seelen sehr geübt darin sein, Ihre Gefühle zurückzuweisen und ihrem Mental die Herrschaft zu geben. Aber, wie diese Seelen sehr genau wissen, sind sie nicht in der Lage, diese Gefühle lange Zeit oder gar für immer zu unterdrücken. Und meist geschieht ja – dankenswerterweise – genau das Gegenteil von dem, was sich das Mental dieser Seelen erhofft. Sie kommen immer öfter und immer tiefer in Situationen, die sie an diese Gefühle zurückführen statt in Situationen, die ihnen die Größe ihres Verstandes bestätigen würden. Und dann kommt mit einem Mal der Zeitpunkt, an dem diese Seelen regelrecht explodieren, nicht wahr?

Und schaut Euch an, was jede Explosion im Außen mit sich

bringt. Es ist jedes Mal eine Sprengung, ein Aufbrechen von Licht, eine unvorstellbare Helligkeit, die sich zeigt. Und selbst dann, wenn die einzelne Seele sich für ihre eigene Explosion glaubt schämen zu müssen, kann sie ihre Aktion nicht mehr rückgängig machen. Und sie fühlt sich neben ihrer Scham auch zutiefst befreit, als wäre ein Ventil geplatzt, so dass endlich der angestaute Druck entweichen darf. Danach kehren Ruhe und Frieden ein. Kennt Ihr diese Art der inneren Reinigung?

Was sich letztlich wirklich in Euch Bahn brechen möchte in solchen Fällen ist... Liebe! Die große Liebe, die Ihr in Euch verstecken wolltet, die jedoch immer in Euch lebt. Egal, wie sehr Ihr versucht, sie zu bekämpfen, klein zu machen, abzutöten. Liebe ist Eure wahre Essenz und all die Liebe in Euch könnt Ihr nicht aufhalten. Sie wirkt in Eurem ganzen Leben – von Eurem ersten Atemzug an. Denn Ihr alle seid aus dieser Liebe entstanden und werdet wieder in sie eingehen, wenn Ihr Euch selbst neu gebärt.

Euer Leben, meine Lieben, dient Eurer Ent-wicklung. Und solange Ihr dieses Pro- und Contra-, dieses Licht- und Schattenspiel (wir mögen nicht mehr von Dunkel sprechen, denn dazu ist es viel zu sehr erleuchtet in Euch und auf Lady Gaia) glaubt spielen zu müssen, werdet Ihr Ausbrüche erfahren – in Euch, aus Euch, auf Eurer Mutter Erde.

Die Zeit ist gekommen und Ihr habt wahrlich große Dienste geleistet, dass es so schnell soweit kam, dass das Licht und die Liebe nicht mehr aufzuhalten sind.

Alles, was geschieht, dient mittlerweile einzig und allein der Erleuchtung, dem heller werden, dem lichter werden, dem Licht werden.

Und so kommt auch Ihr Schritt für Schritt letztlich wieder

zurück in Euer wahres Bewusstsein, in dem es keine Rolle mehr spielt, ob Ihr Acker oder Bauer seid, ob Ihr Mutter oder Kind seid, ob Ihr groß oder klein seid, sondern einzig und allein Euer Bewusstsein über Euer wahres Sein und damit über Eure wahre Kraft, die dann leben kann: Eure Euch innewohnende Macht der Liebe!

Nachdem ich diese Zeilen empfangen und in meinen Laptop übernommen hatte, stieg sie gleich wieder in mir auf – die Scham! Ich erinnerte mich daran, dass es nun schon das zweite Mal war, dass ich sie spüren konnte, seit ich dieses Buch empfange und schreibe. Diesmal schämte ich mich so sehr dafür, dass mein Glaube oft so angezweifelt wird von meinen Gedanken, dass dieses kleine harte Kerlchen in meinem Kopf mit seiner Axt auf mir herumhaut und all das, was ich an Botschaften empfange, in Frage stellt, nicht „wahr" haben will. Aber ich spüre deutlich in mir, dass sich – quasi als Gegenspieler zu meinen Gedanken – jedes Mal auch ein Gefühl in mir aufbäumt, das viel stärker ist als dieser kleine, harte, axtschwingende Kerl. Ich weiß, dass es die Wahrheit ist, ich fühle es in jeder Zelle meines Körpers.

Mir ist bewusst, dass wir bei solchen Auseinandersetzungen in uns selbst immer wieder zur Disziplin aufgerufen sind. Die Disziplin bezieht sich dabei in erster Linie auf die Gedanken, die uns leider so sehr beherrschen. Disziplin in unseren Gedanken ist eine wesentliche Aufgabe, wenn wir unserem „wahren Weg" folgen wollen!

Ich legte eine Pause ein, um zu reflektieren und ging in den Garten. Mir begegnete eine Libelle und ich musste lächeln.

Zu der Libelle steht in dem sehr empfehlenswerten Buch „tierisch gut" von Regula Meyer: „Wenn eine Libelle in Ihr Leben schwirrt, bringt sie Botschaften aus der Elementarwelt mit. Es ist Zeit, sich wieder einmal bewusst zu machen, dass die menschliche Realität auch nichts anderes als eine Sinnestäuschung ist. Auf dieser Erde gibt es viele Wahrheiten, viele Wahrnehmungsmöglichkeiten. Wenn Sie jetzt Ihr Leben betrachten, sehen Sie es nur von innen, aus Ihrer eigenen Perspektive. Von außen gesehen mag es ganz anders wirken. Es ist sicher richtig, das Leben nach der eigenen Wahrheit zu gestalten. Die Libelle ermuntert Sie, diese Wahrheit auszudehnen.

Möglicherweise wurde Ihre Weltanschauung bereits zur fixen Idee und all die Zwischentöne, die lebendigen Licht- und Farbenspiele, Nuancen und Schattierungen sind vergessen. Lassen Sie es nicht zu, dass Ihre Gefühls- und Phantasiewelt zu einem Garten ohne Elfen, Feen und Zwerge wird. Wer sich vor Sinnestäuschungen schützen will, muss seine Sinnlichkeit und Wahrnehmungsfähigkeit schulen und erweitern. Haben Sie den Mut, durch ständiges Neueinschätzen Ihres Lebens, Veränderungen zuzulassen.

Täuschen Sie sich nicht, indem Sie Ihre Wahrnehmung beengen und dann die Ströme der Veränderung einfach nicht mehr spüren können. Blockierte Wahrnehmung hat ihre Ursache stets in der Angst. Die Libelle zeigt also immer auch Ängste auf. Tauchen Sie ab in die vergessenen Sümpfe Ihres Unbewussten und entlarven Sie behutsam die behindernden Glaubenssätze. So wird auch Ihr Wesen leichter und schillernder."

Wenn ich ganz klar bei mir bin, weiß ich genau, wie wichtig all diese Zeilen sind. Wenn sich das kleine Ego aufbäumt und sich alte mentale Strukturen zur Hilfe nimmt, um sich durchzusetzen, mich in meiner Wahrnehmung straucheln zu lassen, finde ich diese alten Glaubenssätze, die mich zurückhalten wollen, die mich zweifeln lassen und die mir etwas anderes einreden wollen als das, was ich fühle. Mit der Libelle ist mir wieder ein Geschenk gemacht worden! Danke! Es war genau der Augenblick, in dem ich (wiedermal) Zweifel bekam.

Achtet auf alles, was Euch umgibt! Schult Eure Wahrnehmung! Wir sind ständig umgeben von Hilfen und Hinweisen – ob wir sie allerdings auch annehmen, ist dann wieder eine Frage unseres freien Willens. Ist man völlig gefangen in sich, sieht man die Libelle nicht oder man nimmt sie nicht wahr... Versteht Ihr??? Es ist so einfach! Wir selbst machen uns unser Leben viel zu oft viel zu schwer – nur durch unser Denken!

Rückschritt oder Fortschritt?

Erkennt die Macht, Ihr Lieben – in Eurem eigenen Leben. Erkennt sie an all Euren Verbiegungen, die in Euch selbst stattfinden und in all Euren Manipulationen, die Euer Miteinander mehr beschränken als stärken.

Schaut hin zu dem, was ist und nicht zu dem, was Ihr glaubt, das dort ist. Öffnet Eure Augen und Eure Wahrnehmung für das, was Jetzt geschieht – ohne Eure vergangenen Erfahrungen herbeizurufen.

Wir wissen sehr wohl, dass dies schwierig erscheinen mag. Und doch ist es gerade in dieser Zeit von großer Wichtigkeit. Denn all das, was Ihr erlebt habt, was Euch geprägt hat, hat nichts mit dem zu tun, was Ihr im Augenblick erlebt. Es ist wirklich jeder einzelne Augenblick Eures Lebens einmalig. Ihr denkt es vielleicht das ein oder andere Mal, aber es ist noch nicht in Euer Bewusstsein vorgedrungen. Verinnerlicht habt Ihr es wohl noch längst nicht. Denn sobald Ihr etwas erwartet von Eurem Leben, von Eurem Partner, von Eurem Umfeld auf Euer Befinden, so befindet Ihr Euch sofort in einer Projektion vergangener Erfahrung. Mögt Ihr Euch wünschen, getröstet zu werden und der Trost wird Euch scheinbar verweigert, so seid Ihr schnell in Eurem Urteil: „Er / sie hat mich ja nicht getröstet. Es ist ja wie immer. Ich bin allein..."

Nun – würdet Ihr in der Bewusstheit leben, dass ein jeder Augenblick neu und einmalig ist, käme Euch die alte Verletzung des „es ist ja wie immer" gar nicht in den Sinn.

Sobald also ein solches Denken über Euch kommt, seid Ihr aufgefordert, Euch zu fragen, was Ihr noch nicht erlösen konntet – warum noch immer ein Teil Eurer Vergangenheit so zäh an Euch klebt, dass Ihr es wieder erleben wollt.

Setzt Euch damit auseinander und Ihr werdet erkennen, dass schon allein die Situation eine andere war. Es gab keine Wiederholung – aber Ihr wolltet sie unbedingt erleben. Also habt Ihr sie Euch selbst konstruiert.

Wenn Ihr ehrlich mit Euch seid, könnt Ihr das sehen und sogar erkennen, was Ihr alles dafür getan habt, um diese neue Situation zu einer scheinbaren Wiederholung zu gestalten.

Und nun sind wir wieder einen Schritt weiter. Denn hier dürft Ihr noch einmal erkennen, wie machtvoll Ihr Euch Euer Leben gestaltet. Und jedes scheinbare Opfer fühlt sich schlecht dabei. Jeder scheinbare Täter gleichermaßen. Und wenn Ihr dann einmal Euch ansatzweise mutig auszutauschen wagt, wechseln dann nicht die angeblichen Rollen in Eurem Spiel? Wird dann nicht der vermeintliche Täter durch verbale Angriffe des vermeintlichen Opfers selbst zum scheinbaren Opfer und das scheinbare Opfer wieder zum vermeintlichen Täter, indem es nachträglich Forderungen stellt, die hätten erfüllt werden müssen, damit dieses scheinbare Drama nun nicht hätte geschehen müssen?

Oh, Ihr Lieben – steigt doch aus aus diesem schon so lange erfolglos gespielten Spiel Eurer Dramen. Ihr inszeniert sie doch selbst.

Und eins mögt Ihr in all diesen Gefühlsansammlungen und Gefühlsausbrüchen gerne vergessen: sie sind Euch jedes Mal große Hilfen, Euch selbst näher zu kommen.

Noch einmal die Frage: wann fühlt Ihr Euch machtvoll und wann fühlt Ihr Euch machtlos?

Es mag uns niemand weismachen können, dass Ihr Euch gut fühlt, wenn Ihr in solchen Begegnungen Eure scheinbare Macht ausgespielt habt. Ihr könnt Euch nicht gut fühlen, wenn Ihr spürt, dass sich eine andere Seele – vielleicht – durch Euer Verhalten nicht gut fühlt. Das, Ihr Lieben, funktioniert nicht. Es kann nicht funktionieren, denn Ihr seid alle miteinander verbunden. Und je mehr Euch das bewusst wird, je offener Ihr werdet, desto weniger wird es Euch möglich sein, irgendjemanden, irgendetwas in Eurer Umgebung zu verletzen oder gar zu zerstören: sei es ein Stein oder ein Tier, ein Mensch, ein Hund, eine Spinne, eine Fliege... Es ist Euch nicht mehr möglich.

Seid Ihr soweit fortgeschritten, dann ist es ein Nächstes zu erkennen, Euch selbst auch nicht zu verletzen, zu zerstören. Ihr stellt Euch nicht mehr zur Verfügung für all die Opfer-Täter-Spiele. Ihr mögt dann anders reagieren als in früheren Zeiten auf Gefühle, Anfeindungen, Bedrohungen, die von anderen Seelen auszugehen scheinen. Ihr lernt Eure eigene Macht zu erkennen in Eurem eigenen Gefühl, denn es macht Euch dann nichts mehr aus, wenn eine andere Seele in ihren Dramen verwickelt erscheint. Ihr mögt ihr noch immer helfen wollen – aber nicht mehr um den Preis der Selbstaufgabe. Ihr bleibt bei Euch. Und genau dann könnt Ihr Eure eigenen Emotionen finden, die sich in dem Spiegel, der sich vor Euch zeigt, auftun. Ihr könnt erkennen, wie wütend, wie verzweifelt, wie ängstlich Ihr in Euch selbst seid – und werdet dankbar dafür, dass die andere Seele Euch dies zeigt.

Genau das ist wichtig: Ihr könnt in diesen Momenten Eures Lebens lernen, bei Euch selbst zu bleiben, die Emotionen zu erkennen, sie zu fühlen, sie zu klären und zu erlösen – in Euch.

Sobald Ihr Euch dann abwendet von Euch selbst, Euch um scheinbare Harmonie mit der anderen Seele bemüht, seid Ihr wieder in Eurem so lange gelebten und bekannten Opfer- und Täterspiel eingebunden.

Wir wissen sehr wohl, dass es oft nicht einfach ist, in solchen Situationen diese vermeintliche Stärke zu beweisen. Aber wir mögen Euch damit trösten, dass Ihr auch der anderen Seele durch Euer Verhalten ermöglicht, ihre eigenen alten Muster zu erkennen und ihre eigenen emotionalen Belastungen zu klären. Denn jeder, der glaubt, belastet zu sein, hat sich etwas auf seine Schultern gepackt, das nicht wirklich ihm entspricht. Denkt einmal daran, wie viele Seefahrer schon „Ballast" abgeworfen haben, damit das Schiff auf See nicht kentert, sondern seinem Weg folgen kann.

Das Bild der Rucksäcke, die Ihr Euch einst auf die Schultern geladen habt, weil Ihr glaubtet, Ihr könntet die Last tragen, entspricht diesem Bild sehr wohl. Und Ihr alle seid aufgefordert zu erkennen, inwieweit diese Last wahrhaft die Eure ist: was sind die Themen, die Ihr zu erlösen sucht? Wer wurde Euch in Euren Begegnungen geschickt und geschenkt, dies zu erkennen?

Und welche Themen würden Euren Rucksack nur noch mehr belasten? Was gehört dabei nicht zu Euch?

Auch hierbei dürfen wir Euch daran erinnern, dass es in Eurer Macht liegt, was Ihr Euch noch „zusätzlich" aufladet. Was von dem hat mit Euch zu tun und was nicht?

Oh ja, wir hören all die Stimmen, die jetzt laut nach der Spiegelfunktion rufen. Aber dazu müssen wir Euch jetzt sagen: prüft genau, was ein Spiegel ist in Eurem Leben und was Euch wieder in Eure eigenen Dramen verstrickt!

Bei jedem Spiegel mögt Ihr wütend werden, Euch nicht verstanden fühlen, Euch getrennt erleben – bei jedem Drama hingegen spürt Ihr Trauer ob des Leides der anderen Seele.

Wir wissen sehr wohl, dass anfangs die Unterschiede kaum wahrnehmbar sind. Aber Ihr lernt sie, denn Ihr spürt, dass es nicht Euer Thema ist, wenn es sich um ein Drama handelt, das gerade inszeniert wird. Natürlich mag es vorkommen, dass es Euch sehr traurig macht. Aber diese Trauer zeigt Euch, dass etwas zu Ende ist, Ihr dem nicht mehr zugehört, Ihr aussteigen wollt. Darin liegt ein großer Unterschied. Und so gesehen ist es von Vorteil zu erkennen, dass ein Spiegel zum Drama wird, nicht wahr? Denn das Drama ist das Zeichen der Auflösung einer alten Spiegelfunktion, sofern es erkannt ist.

Dies muss allerdings nicht immer so sein, meine Lieben, denn auch dies liegt in Eurer Macht. Entscheidet Ihr Euch für Euch, für Euer Leben, Euren inneren Frieden, dann werdet Ihr noch einige Prüfungen erleben, in denen sich immer nur eine Frage stellt: Rückschritt oder Fortschritt?

Seid nicht betrübt, wenn Euer innerliches Schild „Rückschritt" anzeigt, denn es bedeutet nur, dass Ihr in dieser Situation noch nicht ganz verstanden habt, das Thema darin noch nicht ganz erlöst habt.

„Fortschritt" lässt Euch Leichtigkeit empfinden und Mitgefühl für die noch in ihren alten emotionalen Mustern gefangene Seele.

Seid nicht streng und strebsam, sondern lernt zu fühlen und anzunehmen all das, was Euch begegnet und was Ihr erlebt.

Seid gegrüßt, Ihr fortschreitenden Seelen!

Rückschlüsse

Wir wollen heute mit Euch darüber reden, was es ausmacht, seine eigene Macht wahrzunehmen, anzuerkennen und zu leben.

Es gibt durchaus viele Seelen unter Euch, die dazu fähig sind. Aber dies sind Seelen, die diese Zeilen nicht lesen werden.

Eure Resonanz zu diesen Worten zeigt, dass Ihr Euch glaubt nicht in Eurer wahren Macht zeigen zu können.

Eure Macht ist das, was Ihr alle wahrhaft seid. Es ist Eure Essenz. Es ist die große Liebe, die Ihr alle in Euch fühlt.

Nun glaubt Ihr allerdings, dass jegliches Liebe, jegliche Liebe damit verbunden sein mag, sich zur Verfügung zu stellen, vielleicht sogar zu erdulden. Aber dem ist ganz und gar nicht so.

Würdet Ihr Eure wahrhafte Liebe in Euch fließen lassen, würdet Ihr fürwahr sehr oft für andere Seelen möglicherweise Unangenehmes ausdrücken – ob durch Worte oder Taten. Aber Euer Glaube in Euch, nicht verletzen zu wollen, hindert Euch daran. Kennt Ihr ihn nicht selbst zu genüge – diesen Stich in Euer Herz, den andere Seelen Euch schon oft versetzt haben?

Fürwahr, es mag manches Mal sehr wehtun, etwas zu hören oder zu erleben, was nun nicht der Erwartung entspricht. Aber fragt Euch bitte ganz ehrlich selbst: haben Euch diese Stiche von Euch entfernt oder haben sie Euch zu Euch gebracht?

Ihr nennt es „Rück-Schlüsse" – Ihr zieht sie gerne, wenn etwas Zeit vergangen ist, der Schmerz nicht mehr so weh tut, nicht wahr?

Welche „Rück-Schlüsse" haben Euch denn wahrhaft getrennt

oder gar gestoppt? Fühltet Ihr Euch im „Rück-Schluss“ nicht meist befreit, freier, sorg-loser? Konntet Ihr nicht genau nach einem solchen Stich wieder eher einen weiteren Schritt auf Eurem eigenen Weg gehen, der Euch vorher scheinbar versagt war?

Jede Eurer Erfahrungen hat Euch ein Stück mehr zu Euch selbst gebracht, nicht wahr? Das, was vorher getrennt von Euch erschien, rückte wieder näher; „rückte“ = „rück“.

Der „Schluss“, meine Lieben, liegt darin, dass etwas mit diesem Schmerz zu Ende ging, was vorher viel mehr Schmerz bereitete als der wahre „Schluss-Punkt“. Ist es nicht so?

Und hatten wir nicht bereits darauf hingewiesen, dass jeder Punkt sowohl ein Ende, einen Schluss als auch einen neuen Anfang kennzeichnet? Nach jedem Punkt geht es doch ein Stück weiter, Ihr Lieben! Warum wollt Ihr dies immer wieder vergessen?

Es braucht manches Mal ein „Rück“, einen Ruck, um Euch selbst wieder auf Euren Weg, Euch selbst wieder zu Euch zu bringen. Dies mögen oft Trennungen von scheinbar geliebten Menschen sein oder auch Erkrankungen, die Ihr erleben wollt, damit Euch der „Rück-Schluss“ von außen gegeben wird. Sehr selten seid Ihr in der Lage, ohne Stiche Rückschlüsse zu ziehen, nicht wahr?

Wir möchten Euch auffordern zu prüfen, inwieweit Ihr selbst es wart, die diese Stiche und die nachfolgenden Rück-Schlüsse ermöglicht haben? Wie sehr habt Ihr Euch vorher verbogen und manipuliert, um diese Stiche überhaupt zu ermöglichen?

Natürlich gibt es oft Situationen, in denen Euch dieser schmerzhafte Stich scheinbar unwillkürlich trifft. Aber dieses Wort sagt es aus, was wahrhaft dahintersteckt. Das „un“ verneint, „willkür“ sagt, es ist plötzlich. Und somit ist es niemals wirklich un-willkürlich, was Ihr erlebt.

Alles, meine Lieben, ist immer selbst gemacht, aus Eurem tiefsten Empfinden heraus, denn Ihr seid die Schöpfer und Schöpferinnen Eures Lebens. Ihr wollt diese Erfahrungen machen – und Ihr dürft es. Es gibt keine Willkür!

Jemand, der Kür will, mag nicht das Pflichtprogramm erledigen, nicht wahr? Jedwede Kür in Eurem Sprachgebrauch ist auf Freiwilligkeit aufbauend.

Erkennt Eure eigene Schöpferkraft in Euren Worten, denn Eure Worte sind wahrhaft voller Macht. Und so ist auch jedes „unwillkürlich" Ausgesprochene „Ich kann das nicht", „Ich schaff das nicht" nichts anderes als eine Manifestation dessen, was Ihr wahrhaft erleben wollt. Ihr wisst genau in Eurem Gefühl, dass Ihr es könnt und schafft, aber Euer scheinbar so mächtiger „Verstand" setzt ein „nicht" in diesen Satz – und schon ist es vorbei, oder?

Ein „Ich will nicht, dass du gehst" zu Eurem Partner sagt z.B. nichts anderes aus, als dass ihr die Trennung wollt, denn alles andere bedeutet Verbiegung in Euch und Manipulation des Partners. Warum sprecht Ihr solche Sätze dann aus?

Haben sie Euch jemals zu dem Ziel gebracht, das Ihr erreichen wolltet?

Wie war es, wenn der Partner blieb? Habt Ihr dann nicht alles getan, damit er nicht geht?

Wie war es, wenn der Partner ging? Habt Ihr dann nicht trotz aller Trauer auch Freiheit in Euch gespürt, weil Ihr Euch nicht mehr verbiegen musstet, nicht mehr manipulieren musstet?

Dürfen wir die Frage stellen, warum Ihr ein „nicht" eingebaut habt in Euren Satz?

Nach einer jeden Trennung in Eurem Leben haben sich so viele neue Dinge aufgetan, von denen Ihr vorher nicht glaubtet, sie tun zu können, sie Euch „erlauben zu können".

Also wolltet Ihr, dass Euer Partner Euch nicht nicht verlässt, damit Ihr sie endlich tun könnt?

Erkennt die Macht Eurer Worte! Wann immer Ihr ein „nicht" gebraucht, schreit Eure Seele „Ja".

Deshalb ist es mittlerweile auch in vieler Seele Bewusstsein gedrungen, dass die geistige Welt ein „nicht" scheinbar nicht hört. Wir möchten mit diesem Trugschluss aufräumen, denn wir hören auf das, was Eure Seele sagt – und nicht auf das, was Ihr aussprecht.

Wir wissen genauso wie Eure Seele, was Euch wahrhaft dienlich ist, aber Euer Verstand, der glaubt, mit einem „Nein" Euer Wachstum beschränken zu können, richtet sich auf, wenn das geschieht, was Ihr wahrhaft wollt.

Eure Macht besteht darin, Euch Eurer eigenen Wünsche, Bedürfnisse und Ziele soweit bewusst zu werden, dass Ihr ein „Nein" in diesem Sinne nicht mehr braucht, um Euch in Eurem Wachstum zu unterstützen!

Ihr habt die Macht zu erkennen und bewusst zu werden. Denn all dies hilft Euch, Euer eigenes Leben zu leben!

Augen: Die Fenster unserer Seele

Wir möchten Euch heute dazu auffordern, Euch mit der „Macht der Schwachen", der „Macht der Schwächeren" auseinanderzusetzen.

Macht, meine Lieben, findet Ihr wahrlich in Eurem ganzen Leben. Es ist nur eine Frage Eures Blickwinkels, ob Ihr auch in der Lage seid, sie zu erkennen.

So gibt es manche Seelen, die sich voller Kraft, Stärke und Macht fühlen. Sie sind diejenigen unter Euch, die glauben, all dies auch ständig unter Beweis stellen zu müssen. Sie erscheinen Euch oft, als hätten sie das Zepter in der Hand, als wüssten sie viel besser als Ihr Bescheid, nicht wahr? Sie plustern sich oft und gerne so weit auf, dass sie nicht hinterfragt werden – sondern ihre Stärke, ihre Kraft und ihre Macht fast unvoreingenommen von Euch angenommen wird. Ihr vermeidet manches Mal lieber, in ihre Nähe zu kommen oder ihnen in die Augen zu schauen, nicht wahr?

Was Ihr wahrhaft erkennen würdet, wenn Ihr hinschauen würdet, ist ihre tief in ihnen verborgene Angst. Um sie nicht zu fühlen, um nicht zu spüren, wie wahrhaft klein und minderwertig sie sich oft fühlen, haben sie den Weg der Aufplusterung gewählt.

Oftmals sind sie sich gar nicht darüber bewusst, dass Ihr ihnen ihre Angst nur spiegelt, indem Ihr ihre Nähe meidet oder ihnen nicht in die Augen schauen könnt. Erinnert Euch bitte immer daran, dass Eure Augen die Fenster zu Eurer Seele sind.

Und fragt Euch nun einmal, warum Ihr den Augenkontakt mit manchen Seelen meidet?

Nun – Ihr wollt lieber nicht sehen, lieber nicht erkennen, nicht wahr?

Ihr spiegelt ihnen ihre eigene Angst!

Ihr macht Euch klein, duckt Euch, möchtet nicht gesehen werden – und entwürdigt Euch selbst. Ihr seid in solchen Augenblicken Eures Lebens, während solcher Begegnungen nun nicht wahrhaft Ihr selbst. Ihr seid nicht aufgerichtet in Eurer eigenen göttlichen Größe, Ihr seid nicht aufrichtig zu Euch selbst und auch nicht zu dem scheinbar so mächtigen Gegenüber und Ihr seid weit entfernt, Euch selbst in Eurer eigenen Kraft, Stärke und Macht zu spüren, nicht wahr?

Ihr fühlt Euch ausgeliefert, als Opfer. Die andere Seele ist unbestritten der Täter, oder nicht?

Und so dürft Ihr erkennen, dass Ihr auch hier in Euren Opfer-Täter-Illusionen gefangen seid und das uralte Spiel noch immer weiterspielt.

Ihr wisst sehr wohl, dass es nur einen Ausstieg benötigt, um dieses Spiel zu beenden. Wollt Ihr es beenden – dann scheut Euch nicht davor!

Wollt Ihr es nicht beenden – dann bleibt in Euren Opfer-Täter-Spielen gefangen und spielt weiter Eure Dramen. Nur dieser letztgenannte Weg wird Euch weiter von Euch selbst entfernen. Wir hoffen sehr, dass Euch das bewusst ist und wir respektieren auch hier Euren freien Willen!

Wollt Ihr wahrhaft aussteigen, so könnt Ihr Euch zunächst in Eurer eigenen Stille die Fragen stellen,

- wer der anderen Seele denn diese Macht gegeben hat?
- welch große Not und Verzweiflung die andere Seele dazu veranlasst hat, sich so groß wie ein Pfau aufzuspielen und Räder zu schlagen, unter denen Ihr droht, zerquetscht zu werden, wenn Ihr dem Rad zu nahe kommt?
- warum Ihr selbst Euch nicht in Eure Macht zu erheben können glaubt?
- welch große Not und Verzweiflung, welche Angst Euch selbst beherrscht?

Wenn Ihr aufrichtig mit Euch selbst seid, dann lauten Eure Antworten:

- ich selbst
- Angst
- weil ich bewerte und urteile, der andere Pfau ist größer und besser im Rad schlagen
- Schuldgefühle!

Erkennt, dass Ihr ein Teil des anderen Pfaus seid! Erkennt, dass nicht nur Ihr ihn spiegelt, sondern auch er Euch!

Hier wurde mir etwas bewusst! Stellt die Antworten einmal in einem Satz zusammen und Ihr habt für Euch eine Antwort! Meine lautete: „Ich selbst habe Angst, weil ich bewerte und urteile - aus lauter Schuldgefühlen!“

Angst ist grundsätzlich auf etwas Zukünftiges ausgerichtet; etwas, vor dem wir uns fürchten; etwas, was wir befürchten, dass eintreten könnte, wenn... Aus dieser Angst heraus unterlassen wir vieles in unserem Leben – ob es sich dabei um Gespräche handelt, die wir nach unserem Empfinden unbedingt führen müssten (aber wir haben Angst vor den Reaktionen des anderen, wenn wir aussprechen, wie wir empfinden) oder ob es sich um bestimmte Aktionen handelt, die wir uns – aus welchen Gründen auch immer – nicht wirklich zutrauen.

Unsere Schuldgefühle dagegen kommen immer aus Erfahrungen unserer Vergangenheit. Wir sprechen uns ja schuldig, weil wir glauben, Fehler begangen zu haben, etwas falsch gemacht zu haben. Aus diesen Schuldgefühlen heraus trauen wir uns oft in unserer Gegenwart manche Handlungen nicht zu – egal, ob es Worte oder tatsächlichen Handlungen und Bewegungen unsererseits sind. Wir fürchten uns davor, dass wir es wieder falsch machen könnten. Und schon sind wir mit unserer Furcht bei unserer Angst.

Und so passiert in unserer Gegenwart was? Genau – gar nichts! Wir tun nichts, wir sagen nichts. Wir stagnieren!

Mir ist klar geworden, dass wir hierbei so gerne unseren Kopf, unser Denken dazu benutzen, uns Argumente zurecht zu legen, die uns in unserer Entscheidung, eben nichts zu tun, rechtfertigen und unterstützen.

Könnten wir erkennen, dass unsere Schuldgefühle mit unserer Gegenwart nichts zu tun haben und dass wir unsere Angst letztlich auch nur deshalb vor bestimmten Handlungen, Gesprächen oder Auseinandersetzungen haben, weil wir glauben so sicher zu wissen, wie sie ausgehen (obwohl wir das gar nicht wissen können), wäre es uns auch möglich, an eine Art Nullpunkt zu kommen. Alles wäre möglich und alles wäre offen. Keine Bewertung, keine Erwartung... Stattdessen Offenheit – offener Umgang mit der jeweiligen Situation und Vertrauen in unsere eigenen Impulse!

Hättet Ihr keine Resonanz zu seinem, wir möchten es „Machtspiel“ nennen, dann würdet Ihr Euch nicht als Opfer zur Verfügung stellen, sondern Würde sein, in Eurer eigenen Würde sein.

Es ist fast so, als würdet Ihr denselben Mantel tragen – der eine links herum gewendet, der andere rechts herum.

Es ist also nur ein kleiner Schritt nötig, um den eigenen Mantel ebenfalls in dieselbe Richtung zu wenden und dieses Spiel zu beenden.

Erwartet bitte nicht, dass die andere Seele den ersten Schritt gehen möge.

Denn auch diese Erwartungshaltung hält Euch davon ab (wie im Übrigen jede Eurer Erwartungshaltungen), dass Ihr Euch aufrichtet in Eure eigene Würde, in Eure eigene Kraft, in Eure eigene Stärke und in Eure eigene Macht.

Solange Ihr erwartet, dass eine andere Seele etwas tun soll, bevor Ihr selbst etwas tut, bleibt Ihr verhaftet in Eurer Unbewusstheit Eurer eigenen Größe und Göttlichkeit.

Und manches Mal mögt Ihr auch einem scheinbaren Opfer nicht in seine Seelenfenster schauen, nicht wahr?

Dies sind dann Seelen, die sich unbewusst ihrer eigenen Kraft, ihrer eigenen Stärke und ihrer eigenen Macht bewusst sind. Sie sind diejenigen unter Euch, die meisterhaft das Spiel der Manipulationen beherrschen.

So gibt es Brüder und Schwestern unter Euch, die sich ein Leben in scheinbarem Leid, in scheinbarer Not und scheinbarer Knappheit manifestiert haben. Sie wähnen sich immer klein, immer als Opfer widriger Umstände, äußerer Umstände. Sie jammern, sie klagen und schreien tagein, tagaus – durchaus oft nonverbal über ihre Gestik, Mimik, ihr Verhalten: „Warum hilft mir denn keiner?“

Und dieser Ruf, der Euch erreicht – ebenfalls oft nonverbal – veranlasst Euch oft dazu, dieser Seele zu zeigen, dass Ihr das nicht wollt. Ihr mögt ihr äußerlich gesehen helfen, sie unterstützen und fördern, aber nun seid Ihr diejenigen, die das Rad schlagen, nicht wahr?

Dies kann durchaus im Verdrehen Eurer Augen geschehen, wenn Ihr diese Seele um die Ecke biegen seht. Ihr habt keine Lust auf dieses – wir mögen es nennen: – „Opferlamm". Denn es erscheint Euch so unwürdig, wie es sich verhält und gerne bewertet und beurteilt Ihr dann die andere Seele, nicht wahr? Ihr glaubt, sie müsste doch erkennen, sie müsste doch sehen...

Sie müsste allerdings hinschauen um zu erkennen, welch großer Manipulationsmeister oder welch große Manipulationsmeisterin sie ist.

Auch diese Seele lebt ihre Macht!

Könnt Ihr das fühlen? Sie ist in ihrer Opferrolle scheinbar so ohnmächtig, dass es durchaus viele Seelen an ihrer Seite gibt, die ihr Unterstützung geben.

Da sie aber so sehr in ihrem Opferdasein lebt, kann sie all die Opfergaben nicht erkennen. Außerdem entwürdigen sie diese Gaben, nach denen sie so sehr schreit!

In Wahrhaftigkeit demütigt Ihr sie mit Euren Gaben und macht sie noch ein wenig kleiner in ihrer Würde.

Denn über all Eure Opfergaben kann sie sich nicht in ihre eigene Würde erheben, ihre eigene Kraft, ihre eigene Stärke, ihre eigene Macht erkennen. Warum sollte sie sich aufrichten? Sie bekommt doch, sie erhält doch, was sie erjammert. Auch sie hat in Wahrhaftigkeit Angst. Sie hat Angst, etwas von dem zu verlieren, was sie nicht wahrhaft annehmen kann. Sie spürt nicht, dass sie empfängt.

Und weil sie nicht spürt, dass sie empfängt, will sie mehr Opfergaben und jammert lauter.

Sie wird gierig nach Opfergaben und verstrickt sich immer weiter in ihr eigenes Mangelbewusstsein, in ihr eigenes Opfergefühl.

Die Herzen dieser Seelen sind fest ummauert, meine Lieben!

Es bedarf sehr viel Liebe und Zuversicht, ihnen wahrlich zu helfen. Denn wahre Hilfe bedeutet in diesen Fällen, „Nein" zu sagen. Es bedeutet auch hier auszusteigen aus dem vermeintlichen Opfer-Täter-Spiel, denn die andere Seele, die sich immerwährend als Opfer fühlt, macht sich durch ihre Gier, dass sie empfangen will, selbst zum Täter. Es ist ein Fass ohne Boden – sie kann nichts annehmen!

Je mehr Ihr ihr gebt, desto mehr wird sie fordern. Und so wechselt es dann auch bei Euch vom Täter zum Opfer zum Täter zum Opfer.

Gebt Ihr und die andere Seele kann nicht annehmen, fühlt Ihr Euch betrogen und als Opfer.

Gebt Ihr nicht und die andere Seele jammert lauter, fühlt Ihr Euch schlecht und als Täter.

Hier sind dann die Schuldgefühle ausschlaggebend, nicht wahr?

Hier seid zunächst auch wieder Ihr aufgefordert, Euch in Eure eigene Würde, in Eure eigene Kraft und Stärke, in Eure eigene Macht zu erheben.

Wir möchten noch anmerken, dass wir hiermit nicht diejenigen Brüder und Schwestern unter Euch meinen, die an einer Straßenecke sitzen. Gebt Ihr ihnen und schaut ihnen dabei einmal bewusst in die Augen, werdet Ihr Dankbarkeit und Demut erkennen. Und so dürft Ihr an ihnen lernen, dass sie ihre Würde nicht verloren haben – auch wenn Ihr das so gerne genauso beurteilen mögt!

Sie sind Teil der Einheit Eures menschlichen Seins und sie zeigen Euch, dass Ihr ein Teil von ihnen seid, dass sie einen Teil von Euch tragen! Diese Seelen jammern nicht, diese Seelen sind! Erkennt Ihr in ihnen ihre Göttlichkeit, dann schaut Ihr gleichsam in Eure eigenen Seelen!

Und so können wir für heute festhalten: all Euren Opfer- und Täterspielen liegen entweder Angst oder Schuldgefühle zugrunde!

Prüft Euch selbst! Ihr seid aufgefordert, jeden Bruder, jede Schwester, die Euer Leben begleitet, in diesem Spiel zu erkennen! Erkennt Euch selbst in diesen Spielen und schaut, welche Gefühle Euch treiben! Erkennt Eure eigene Macht in Euren Spielen!

Wir möchten noch etwas anmerken zu unseren letzten Ausführungen: wisst Ihr eigentlich noch, wo und wann und warum Ihr den Ausdruck „Obdachlose" kreiert habt? Was wollt Ihr damit sagen?

Wollt Ihr Euch mit diesem Begriff fragen, „ob" sie wirklich „dachlos" sind? Nein – das sind sie wahrlich nicht.

Schaut in ihre Augen! Ihr werdet so viel Liebe, Dankbarkeit und Demut erkennen. Sie haben das Dach Gottes und der Göttin, den göttlichen Schutz über sich und in sich!

Sie zeigen Euch, dass es nichts zu verlieren gibt außer der Würde. Und die nehmt Ihr ihnen, wenn Ihr sie missachtet und verurteilt. Denn auch sie sind ein Teil der göttlichen Einheit und damit auch ein Teil von Euch!

Und fürwahr zeigt auch ein solches Leben den Ausstieg aus vermeintlichen Machtspielen – aus Opfer- und Täterillusionen.

Wer, meine Lieben, hat Angst?
Wer, meine Lieben, hat Schuldgefühle?
Sind sie es oder seid Ihr es?
Würdigt sie und Ihr würdigt Euch!

Entscheidungsfreiheit

Wir möchten Euch auch an Eure Macht der Entscheidung erinnern. Es ist Euch selbst in Eurem täglichen Leben nicht bewusst, wie viele Entscheidungen Ihr wahrhaft trefft. Ständig tut Ihr dies. Die meisten Eurer Entscheidungen erfolgen scheinbar unbewusst, nicht wahr?

Und über dieses Unbewusste sprechen wir in Wahrhaftigkeit seit geraumer Zeit mit Euch.

Wenn Euer Wecker klingelt, trefft Ihr schon die erste Entscheidung Eures Tages. Ihr habt ja die Wahl, ihn auszuschalten und weiterzuschlafen oder aufzustehen und den Tag zu beginnen. Ihr glaubt jedoch, Ihr hättet keine Wahl, Ihr müsstet aufstehen. Aber – wir möchten gerne von Euch wissen: wer sagt Euch, dass Ihr das tun müsst?

Wer ist es denn? Ist es ein Gefühl, z.B. die Verantwortung für andere Menschenseelen übernommen zu haben, die auch bald aufstehen müssen? Warum solltet Ihr alle nicht liegen bleiben können und einen schönen gemeinsamen Tag erleben miteinander – in vollkommener Ruhe und Entspannung?

Ist es ein Pflichtgefühl, das Euch aufstehen lässt? Wem oder was seid Ihr verpflichtet? Euren Glaubenssätzen, Euren Eltern, Euren Ahnen? Oder vielleicht auch Eurem Ego, das sich bei Euch meldet und Euch auffordert, Leistung zu erbringen, damit Ihr Euch selbst anerkennen könnt oder sogar vom Außen anerkannt werdet?

Oder ist es ein Gemeinschaftsgefühl, das vor langer Zeit entstanden ist und Euch aufruft, andere Seelen nicht allein wirken zu lassen?

Habt Ihr Euch überhaupt schon einmal darüber Gedanken gemacht? Habt Ihr schon einmal zugelassen zu erforschen, wie Ihr Euch fühlt? Habt Ihr Euch schon einmal selbst in dem Augenblick des Weckerklingelns wahrgenommen?

Es mag durchaus noch unzählige andere Beispiele und Gründe dafür geben, warum Ihr glaubt, jetzt aufstehen zu müssen.

Wir möchten Euch auffordern, es einmal tief in Euch selbst anzufühlen, was es ist, das Euch antreibt in diesem ersten Augenblick Eures täglichen Erwachens!

In Wahrhaftigkeit habt Ihr ein wenig Angst, die Kontrolle zu verlieren, wenn Ihr anders handelt als gewohnt, nicht wahr? Und dafür ist der Zeitpunkt Eures Erwachens ein wahrhaft göttlicher. In diesem Moment könntet Ihr Euch auch erst einmal fühlen.

Die Neue Zeit ist bereits da, meine Lieben!

Aber Ihr haltet an Altem, an Gewohntem fest, das Euch in Fesseln zu stecken scheint. Dabei liegt schon allein die Gestaltung des ersten Augenblicks Eures neuen Tages in Eurer freien Entscheidung, in Eurer eigenen Macht.

Und dies zieht sich durch Euren ganzen Tag bis hin zur Wahl, ob Ihr nun wieder Euch schlafen legt, den Tag beendet oder ob Ihr Euch erst noch mit anderen Dingen beschäftigt.

Und wie oft glaubt Ihr, Ihr hättet keine Wahl? Ihr habt sie immer, meine Lieben!

Was soll Euch geschehen, wenn Ihr eine andere als die Euch bekannte Entscheidung trefft? Was soll Eurer Meinung nach geschehen? Ist nicht auch das wiederum mit einem Gefühl verbunden? Und sind es nicht dieselben Gefühle, die wir Euch eben beispielhaft aufzeigten?

Erforscht Euch einmal selbst und beobachtet Euch! Ständig trefft Ihr Entscheidungen, ständig habt Ihr die Wahl. Und jede einzelne dieser Entscheidungen ist wahrhaft voller Macht, denn sie entspringt Eurem Denken, Eurem mentalen Bewusstsein! Mit dieser Macht Eurer Gedanken, Eurer Bewertungen, Eurer Glaubenssätze gestaltet Ihr Euch Euer Leben – in jedem einzelnen Augenblick.

Eure wahren Gefühle stehen dabei wahrlich nicht an erster Stelle, nicht wahr?

Wie oft entscheidet Ihr Euch täglich gegen Euch selbst? Wie oft entscheidet Ihr Euch gegen Eure wahren Gefühle und redet Euch ein, es wären Eure „Verantwortungs"- oder „Pflicht"-Gefühle, dass Ihr jetzt so und nicht anders entschieden habt? Für wen in Wahrhaftigkeit? Für Euch? Oder gegen Euch?

Wir möchten Euch auffordern, Euch selbst zu beobachten. Strengt Euch einen Tag lang an, um zu erkennen, wie vielfältig Eure Möglichkeiten wirklich sind und wie wenig Ihr sie nutzt. Wir sind uns darüber bewusst, dass es keine leichte Aufgabe ist, aber wie wollt Ihr Bewusstheit erlangen, wenn Ihr Euch nicht auf den Weg dahin macht?

Ihr selbst seid es, die in der Freiheit leben, ein freudiges, leichtes Leben zu leben! Und dies ist Euer Wunsch gewesen und dies ist Euer Ziel!

Jedes „Muss" und „Müssen" löst sich auf auf Eurem Weg zur Bewusstheit. Ihr müsst nichts – Ihr seid! Ihr seid die, die Ihr seid – und alles andere bedeutet Verbiegung und inneren Kampf!

Wollt Ihr Eure eigene Macht spüren und erkennen, so übt Euch darin, Euch frei zu entscheiden – aus Eurem Inneren heraus!

Fragt Euch immer, in jedem einzelnen Augenblick Eures Lebens:

was möchte ich jetzt? Was will ich wirklich?

Spürt in Euch statt Euch selbst zu richten und Eure ureigene Macht wieder abzugeben – an scheinbare Verpflichtungen, scheinbare Erwartungen, scheinbare Aufgaben.

In aller Deutlichkeit möchten wir Euch zu diesem Bewusstwerdungsschritt auffordern – um Eurer Selbstliebe willen!

Die Stärke und Macht Eurer Entscheidung, einer jeden einzelnen Entscheidung, könnt Ihr prüfen, indem Ihr Euch immer fragt: will ich es wirklich?

Sprengt Euren Panzer, der vor Urzeiten von Euren Ahnen oder von Euch selbst in früheren Leben um Euch gelegt wurde. Sie gehören nicht in diese Zeit. All das ist vorbei!

Es gibt weder „müssen" noch „sollen"! Das ist noch immer tief in Euren Köpfen eingespeichert, aber es hat in Wahrhaftigkeit mit dieser Zeit nichts mehr zu tun!

Erlaubt Euch, Eure Freiheit zu spüren! Lasst sie zu – dann lasst Ihr auch Euer Leben zu!

Fühlt es in Euch selbst, was diese Zeilen in Euch auslösen.

Seid Ihr bereit, Euch Eurer eigenen Macht zu stellen?

Es ist immer die Wahl, immer die Entscheidung! Entscheidet Ihr Euch für Euch, so ist es Liebe! All das, was Ihr wahrhaft wollt, entspringt aus der Liebe, die Ihr seid! Vergesst das nicht!

Alles andere entspringt aus „Gefühlen", die Ihr gelernt habt zu fühlen, die Ihr übernommen habt, die Ihr in Euch integriert habt. Aber sind sie wirklich Ihr? Machen sie Euch aus?

Kommt zu Euch und bleibt bei Euch!

Erkennt Eure Macht!

Lebt Ihr in Eurer Liebe, wird sie sich ohne Zögern verbreiten. Vorher nicht, denn dann ist sie nicht aufrichtig und ehrlich.

Solange Ihr Euch von Euch selbst entfernt, seid Ihr von dem entfernt, was Ihr seid: reine Liebe!

Die Liebe im Sein ist Eure wahre Macht

Nun, es mag Euch nicht immer möglich sein, an die Liebe, die Ihr seid, zu glauben. So glaubt Ihr oftmals lieber daran, dass die Liebe eine „wahre Himmelsmacht" sei. Und das ist sie fürwahr. Ihr selbst schickt mit diesem Glauben aber Eure eigene Liebe und meist die zu Euch selbst in nicht greifbare Sphären des Himmels, nicht wahr? Liebe ist dann weit weg von Euch im Ätherbereich schwebend, aber nicht bei Euch, nicht in Euch. So glaubt Ihr.

Und die Macht der Liebe, die wahre Himmelsmacht mag über Euch schwingen – unerreichbar...

Nun, wir möchten schon festhalten, dass Liebe das unstreitbar mächtigste Gefühl ist, nicht wahr?

Aber warum schickt Ihr sie in den Himmel? Warum gebt Ihr die liebende Macht an den Himmel ab?

Soll die Liebe nur durch das Göttliche wirken?

Ja – und das tut sie auch! Durch Euch selbst, meine Lieben! Ihr selbst seid Teil des Himmels, Ihr selbst seid Teile der Göttlichen Einheit. Erinnert Euch an die Ausführungen, die wir zu Beginn über die Lichtfunken machten, die Ihr alle seid!
Erinnert Euch an Euren wahren lichtvollen Kern. Er ist reine Liebe!

Und all die Liebe, die Ihr seid, die in Euch ist, ist in der Neuen Zeit Eure wahre, Eure einzige Euch antreibende Kraft! Sie ist es, die Euch dazu verhilft, den Himmel auf Erden zu erschaffen. Sie ist es, die es ermöglicht, alle alten, alle bewertenden, alle urteilenden Strukturen hinter Euch zu lassen!

Ihr selbst habt jedoch in den vielen Jahrhunderten die wahre Liebe zu etwas verunstaltet, dass Euer wahres Sein in vielfältiger Hinsicht in Frage gestellt hat und noch immer stellt.

Die Liebe zu Euch selbst glaubt Ihr nicht in aller Wahrheit und Präsenz leben zu dürfen.

Daraus ist unter anderem die Überzeugung herangereift, die Eure Kirchen und Religionen Euch vermitteln: Geben ist seliger denn Nehmen!

Wer jedoch nur gibt und nicht in der Lage ist zu empfangen, baut ein Ungleichgewicht auf, das nicht gewollt ist.

Wer nur nimmt und nicht zu geben bereit ist, tut dies ebenfalls. Auch er baut ein ungewolltes Ungleichgewicht auf.

Nur: diejenigen, die scheinbar nur nehmen, wollt Ihr nicht sein, nicht wahr? Eben weil das Geben Euch seliger erscheint. So habt Ihr die Nehmenden zu „Egoisten" gemacht, nicht wahr, denn Ihr braucht für alles beschreibende und oftmals wertende Ausdrücke. Wir möchten diesen Trugschluss gerne beenden, denn er dient Euch in keiner Weise in Eurer eigenen Entwicklung.

Eine jede Seele, die scheinbar nur nimmt, gibt bereits in dem Moment des Nehmens der anderen Seele auch etwas: da ist das Gefühl, sich gut und wertvoll zu fühlen, nicht wahr?

Erlaubt sich die nehmende Seele längerfristig zu nehmen oder immer mehr nehmen zu wollen, verändert sich das Gefühl in der gebenden Seele, nicht wahr?

„Was will sie denn noch", mögt Ihr Euch als gebende Seele fragen. Zu einem bestimmten Zeitpunkt schreit Ihr vielleicht sogar: „Ich hab Dir alles gegeben."

Und Ihr fühlt Euch leer, vielleicht nutzlos und schuldig. Schuldig, weil Ihr nicht mehr geben wollt (und Euch einredet, Ihr könntet nicht mehr geben) und weil Ihr Euch nicht mehr so groß und gut fühlt wie zu Beginn Eures „Geber-Daseins".

Nun kippt also dieses Geber- und Nehmer-Spiel. Ein weiteres Eurer Machtspiele im Übrigen, denn auch hier gibt es den Großen und den Kleinen, den Guten und den Bösen, das Opfer und den Täter. Seht es dualistisch um wahrhaft zu erkennen, denn es ist voller Bewertungen, Ansprüche, Anschuldigungen, Klagen und vielem mehr.

Der Nehmende jedoch hat sich auch zusehends kleiner und schlechter gefühlt, denn er hat sich in eine scheinbar minderwertigere Rolle begeben und in eine Form von Abhängigkeit.

Um dieses recht grausame Spiel auf emotionaler Ebene zu beenden, ist es vonnöten zu erkennen, wie viel der scheinbar Nehmende dem scheinbar Gebenden immer wieder geschenkt hat.

Mit jedem Mal war es eine Aufforderung an den scheinbar Gebenden, zu sich selbst zu kommen, in sich selbst hineinzufühlen, was diese Gabe nun in ihm auslöst.

Mag die erste Gabe noch von ganzem Herzen erfolgt sein, so wird es von Mal zu Mal weniger Herzensenergie gewesen sein, die mit den Gaben verbunden war.

Und das ist natürlich, denn der Gebende hat sich immer weiter von sich selbst entfernt.

Beide Seelen haben sich letztlich immer weiter von sich selbst entfernt, beide Seelen haben sich selbst immer weiter entwürdigt und beide Seelen haben ihre eigene Liebe verlassen.

Mit jeder Gabe gilt es sich gut zu fühlen! Das gilt ebenfalls für beide Seiten!

Gebt Ihr nicht aus freien Stücken, dann solltet Ihr es tunlichst unterlassen! Denn Ihr schadet Euch selbst dabei und verletzt die andere Seele. Sobald Ihr nicht aus freien Stücken geben mögt, macht Euch bewusst, dass es andere Wege für die nehmende (wünschende oder fordernde) Seele gibt. Auch sie darf fühlen und über ihre Gefühle erkennen.

Ändert Euren Fokus, Ihr Lieben!

Der Nehmende ist aufgefordert sich zu fragen, was er glaubt vom anderen zu wollen oder haben zu müssen, das er sich nicht selbst geben kann?

Der Gebende ist aufgefordert sich zu fragen, was er mit seiner Gabe erreichen will?

In einem von Liebe getragenen Zusammensein ist den Seelen durchaus bewusst, dass jedes Geben und Nehmen in einem direkten Ausgleich miteinander steht.

Könnt Ihr das erkennen?

Seelen, die glauben, sich einfach nehmen zu können, wonach sie sich sehnen, was sie begehren, möchten zumeist ein großes Maß an Aufmerksamkeit erwecken. Sie glauben nicht gesehen zu werden, nicht anerkannt und geliebt zu sein. Schaut auf dieses Leid der Seelen, habt Mitgefühl mit ihnen statt sie zu verurteilen.

Und will sie Euch nicht gleichsam zeigen, dass Ihr Euch selbst so minderwertig fühlt, dass Ihr glaubt, Ihr habt nicht verdient, was Ihr hattet und die andere Seele Euch genommen hat? Konntet Ihr es selbst in Wahrhaftigkeit nicht annehmen?

Dies ist fürwahr ohne Liebe, nicht wahr?

Wenn Ihr erkennt, dass Ihr selbst alle Teil der Einheit (des Himmels, wenn Ihr so wollt) seid und Ihr nichts anderes seid als Liebe, dann seid Ihr bereit, Euch in Eurer wahren Macht anzunehmen und anzuerkennen.

Dann fühlt Ihr Euch nicht besonders gut, wenn Ihr etwas gebt und Ihr fühlt Euch nicht schlecht, wenn Ihr „Nein" sagt und eine erbetene Gabe zurückweist.

Ihr seid in beiden Fällen die, die Ihr seid und Ihr seid in der Liebe.

Auch St. Martin hat nicht seinen ganzen Mantel gegeben, sondern eine Hälfte für sich behalten und damit gut für beide Seelen gesorgt.

Wäret Ihr Euch über die Macht Eurer Liebe wirklich bewusst, würdet Ihr nicht leiden!

Und dies gilt für alle Seelen gleichermaßen! Alles, was aus Liebe, aus wahrer Liebe heraus geschieht, ist immer ehrlich und aufrichtig!

Würdet Ihr das anerkennen, so könntet Ihr die vielen täglichen Situationen erkennen, in denen Ihr von Eurer Liebe entfernt seid. Immer dann, wenn Ihr nicht ehrlich und aufrichtig zu Euch selbst seid, seid Ihr von Eurer Liebe entfernt.

Und diejenigen Seelen, die Euch begegnen, sehen das sofort. Meist bestärken sie Euch dann in Eurem Schatten, um Euch aufzufordern, zu Euch selbst zu schauen, Euch selbst zu erkennen.

Wollt Ihr Bewusstheit erlangen, so öffnet Euch! Fühlt in jedem Augenblick Eures Seins in Euer Herz! Nehmt wahr, wie Euer Körper reagiert. Er zeigt Euch in jedem einzelnen Augenblick Eures

Lebens, wie Ihr Euch wahrhaft fühlt. Seid Ihr außer Euch, verkrampft, aufgeregt, fehlt es an Eurem eigenen inneren Frieden.

Warum? Das ist dann die vorrangige Frage, die Ihr in Euch selbst beantworten dürft. Denkt aber nicht dabei, analysiert nicht, sondern fragt Euch: warum fühle ich mich jetzt so außer mir, so verkrampft, so aufgeregt?

Der ersten Antwort, die Ihr erhaltet, dürft Ihr Glauben schenken. Ist es ein „weil die / der...", dann geht tiefer und fragt Euch: „was möchte mir mein Gegenüber über mich mitteilen?" Ihr seid bei diesem Schritt schon ein großes Stück weiter auf Eurem Weg, denn Ihr verlasst die Bewertungsmaschinerie in Eurem Kopf! Auch zu dieser Frage werdet Ihr eine Antwort erhalten. Meist gefällt sie Euch leider nicht und so versucht Ihr wiederum, mit Hilfe Eures Mentals zu richten. Tut dies nicht, sondern fühlt weiter! Ihr steht kurz vor einer großen Erkenntnis. Bleibt Ihr ganz ehrlich, aufrichtig und offen Euch selbst gegenüber, wird die letzte Antwort aus Eurem Inneren lauten: „Wie ich. Das habe ich auch. Das bin ich auch."

Fühlt es und lasst es zu. Es führt Euch zurück zu Eurem eigenen inneren Frieden!

Und Ihr dürft Euch danken, dass Ihr diesen Weg gegangen seid. Er führt Euch auch zurück zu der Verbundenheit mit der anderen Seele und erlöst Euch aus der Illusion der Getrenntheit, die anfangs in Euch war.

Ja, meine Lieben – so einfach ist das. Euer ganzes Leben würde leicht, frei und friedlich sein, wenn Ihr die Geschenke, die Ihr ständig bekommt, wahrhaft annehmen könntet und bei Euch selbst bleiben würdet!

Dreht Euch in Gedanken nicht so viel im Kreis und denkt vor

allem nicht ständig über andere Seelen nach. Ihr hättet fürwahr genug mit Euch selbst zu tun!

Und dies ist der Weg zu Eurer in Euch wohnenden großen Liebe zu Euch selbst und zu allem, was ist, der Weg zu Eurer wahren Bewusstheit und Erkenntnis und der Weg in Eure eigene Macht!

All Euer Tun würde aus der Liebe Eures Herzens erfolgen, aus der wahren Macht in Euch! Beginnt diesen Weg, meine Lieben! Er ist mit so viel Licht und Erleuchtung versehen, dass Ihr ihn immer freudiger gehen werdet, sobald Ihr die ersten Schritte getan habt!

Er entbindet Euch all Eurer Selbstzweifel und Eures inneren Richters, seid gewiss!

Wohlan denn, meine Lieben!

Nun sind wir wahrhaft am Kern angekommen, meine Lieben. Habt Ihr es bereits erkannt?

Wir sagten Euch: All Euer Tun würde aus der Liebe Eures Herzens erfolgen, aus der wahren Macht in Euch!

Ihr seid aufgefordert, Euer Wirken, Euer Handeln und alles, was Ihr tut, dementsprechend zu prüfen!

Wie vieles von dem, was Ihr tut, macht Ihr wirklich aus der Liebe Eures Herzens, aus reiner Liebe?

Und wie vieles von all dem, was Ihr täglich tut, widerspricht letztlich Eurer eigenen Macht, Eurer Liebe?

Es ist jetzt Zeit für Euch, Eure Muster zu erlösen und alles, was Ihr bislang glaubtet, tun zu müssen, unbedingt erledigen zu müssen, aus dieser Perspektive der Liebe Eures Herzens zu betrachten!

Ich musste es immer wieder lesen: all unser Tun würde aus der Liebe unseres Herzens erfolgen. All unser Tun würde damit unserem eigenen Sein entsprechen – der Liebe, die wir sind!

Wie oft machen wir genau das nicht? Was wir wohl alle zugeben können, ist, dass wir meistens (manche vielleicht sogar ständig) eher ein „Tun ohne Sein“ veranstalten. Wir machen, handeln, hetzen, überhetzen und überrennen uns selbst und sind nicht mehr. Wir sind nicht mehr wir selbst, wenn wir nicht mit unserer Liebe bei uns und dem, was wir tun, sind.

Unzählige Male haben wir Euch schon empfohlen, mit Eurem ICH BIN zu arbeiten. Auch mit Eurem ICH BIN – SEIN. Habt Ihr es getan? Oder scheut Ihr Euch davor?

Meine Lieben, der Übergang in die Neue Zeit erfordert von Euch allen, von jeder einzelnen Menschenseele das Lösen aus alten Strukturen und altem Denken. Ihr selbst habt oft genug erfahren dürfen, dass all Eure alten Strukturen, Euer Denken, Eure Muster Euch wahrhaft großartig daran hindern, Ihr selbst zu sein, die zu sein, die Ihr seid!

Mit all Eurem Tun, das Euch von Euch selbst entfernt, mit jeder einzelnen Handlung gegen Euch selbst, gegen Euer Gefühl, gegen Eure Wahrnehmung verbiegt Ihr Euch und bleibt gleichsam in alten Manipulationsmanövern. Denn immer dann erwartet Ihr auch etwas, nicht wahr?

In den Augenblicken Eures Lebens aber, in denen Ihr wahrhaft Ihr seid, erwartet Ihr nichts. Ihr seid, Ihr lasst fließen.

Leider beobachten wir auch, dass es vielen Seelen scheinbar gar nicht mehr möglich ist, auch nur in vereinzelten Augenblicken sie selbst zu sein. Bei ihnen nehmen entweder Verpflichtungen, Pflichten und Erwartungen (anderer und an sich selbst) so sehr das Ruder des Lebens in die Hand, dass oft lange, schmerzhafte Wege ihnen helfen müssen, überhaupt erst einmal wieder einen gewissen Freiraum, ein Durchatmen zu ermöglichen. Viele dieser überforderten Seelen flüchten vor sich selbst – manche ergeben sich gewissen Süchten, manche bekommen diese neu kreierte Erkrankung namens Burn-out. Alles dies zeigt ein „Ich ertrage es nicht mehr“, ja sogar einen Aufschrei von „Lasst mich in Ruhe“.

Dabei sind es diese Seelen selbst, die sich die gewünschte Ruhe nicht zugestehen mögen – aus Angst, aus Schuldgefühlen, aus Gier.

Nun, glücklicherweise wird mit diesem Weg meist Heilung eingeleitet, denn es wird diesen Seelen oftmals selbst bewusst, dass dieser Irrweg von ihnen selbst erschaffen und gegangen wurde – und sie selbst ihn nur verlassen können.

Manchen Seelen helfen wir, indem wir sie aus ihrem bisherigen Leben scheinbar heraussprengen. Es mag für sie wie eine Explosion erscheinen, aber dies ist der letztmögliche Ausweg, um dieses Irrgarten-Gebilde, in dem sich diese Seelen verlaufen haben, wieder zu verlassen.

Unser Kanal mag Euch hierzu seine persönliche Geschichte erzählen.

Ich habe Euch ja schon erzählt, dass Worte auf mich immer eine magische Faszination ausgeübt haben. In meiner Ursprungsfamilie wurde Worten nicht die große Bedeutung gegeben. Es wurde, wenn überhaupt, nur wenig geredet. Einen Austausch über Gefühle gab es nur dann, wenn sie eskalierten – im Streit. Musste meine Mutter weinen, schloss sie sich dafür im Badezimmer ein.

Meine eigentlichen Berufswünsche (etwas Soziales, etwas mit Worten, Journalismus, Sprachen...) konnte meine Mutter nicht akzeptieren. „Sprachen", sagte sie, „lernst du auch auf der Höheren Handelsschule. Lerne was Vernünftiges." Sie meinte, dass meine Berufswünsche eher „brotlose Kunst" seien. Das Vernünftige war für sie der kaufmännische Bereich – und der hat meist ja mit Zahlen zu tun. Ich absolvierte also die Höhere Handelsschule, hatte dort in Mathematik immer eine schlechte Note. Die Welt der Zahlen war für mich wie das „berühmte Buch mit 7 Siegeln". Einige Jahre später studierte ich dann Betriebswirtschaft und wählte die Schwerpunkte „Rechnungswesen" und „Steuern". Ich hatte mich also in gewissem Sinn der Zahlenwelt ergeben. Es war mir sogar möglich, mir einzureden, dass mir das Spaß machte.

Nach meinem Studium arbeitete ich zunächst für eine international tätige Wirtschaftsprüfungsgesellschaft, anschließend für verschiedene Steuerberater und wechselte dann in die Wirtschaft und wurde Leiterin einer Rechnungswesenabteilung.

Ja, ich kletterte die Erfolgsleiter nach oben. Dafür gab ich viel – ich arbeitete wie „verrückt". Ich suchte Anerkennung im Außen – ich war so richtig gierig danach. Mir ist heute bewusst, dass ich in meinem tiefsten Innern nach der Anerkennung meiner Mutter gierte. Ihr wollte ich in allererster Linie beweisen, dass ich gut bin, dass ich auch etwas erreichte in meinem Leben und ich wollte natürlich, dass sie mich dafür liebt und stolz auf mich ist. Ungesehen und ungeliebt hatte ich mich all die Jahre von ihr gefühlt. Unbewusst sah ich in diesem Weg die Möglichkeit, ihre Aufmerksamkeit zu bekommen. Natürlich war ich mir über diese Hintergründe damals nicht im Klaren. Als ich glaubte, alles, was ich bisher getan und erreicht hatte, würde noch immer nicht genug sein, fing ich ein Fernstudium an und wurde „auch noch" Bilanzbuchhalterin.

„Neben meiner Arbeit noch das Lernen und die Prüfungsvorbereitung...".

In dieser Zeit heiratete ich.

Mein Rücken begann mir zu zeigen, dass das wohl nicht der wahre Weg für mich ist. Aber das ignorierte ich. Es war ja nicht wichtig. Mein Körper sollte „sich mal nicht so anstellen".

Eines Tages klappte ich dann zusammen. Ein Bandscheibenvorfall schaltete mich fast ein Jahr lang aus. Ich weigerte mich, mich operieren zu lassen und war mehrere Monate zu Hause. Jetzt hatte ich Zeit, konnte mir anschauen, was wirklich um mich herum geschah.

Mein Mann suchte sich eine Freundin, weil er die Situation nicht mehr aushielt oder weil wir uns schon längst weit voneinander entfernt hatten.

Was tat ich? Ich begann zu kämpfen – um ihn, um meine Gesundheit, um meinen Erfolg. Als ich mich wieder ein wenig bewegen konnte, fing ich mit Sport an und glaubte, damit die große Wendung in mein Leben gebracht zu haben. Beruflich machte ich mir Gedanken darüber, ob ich mich selbstständig machen sollte. Ich wollte gerne Therapeutin werden, Massagen lernen. Mein Mann hielt nichts von dieser Idee und so ließ ich es.

Was uns beide betraf – er stellte Forderungen an mich. Wenn ich dies oder das lassen würde, wenn ich weiblicher würde, wenn ich... dann hätte unsere Ehe vielleicht noch eine Chance.

Ja, ich versuchte es und fing meine größten Verbiegungen an – in mir selbst und im Außen. In meiner letzten Festanstellung gab ich alles – ich war morgens die erste im Büro, abends die letzte! Ich war zurück, dachte ich!

Mein Außen schien mir immer zu zeigen, dass noch etwas mehr möglich wäre. Natürlich gab ich alles für den Beruf, für die Karriere. Für meinen Mann hatte ich wenig Zeit, für mich selbst noch weniger.

Das Einzige, was ich wirklich geändert hatte, war der Sport. Das war mir so wichtig geworden, dass ich auch hier immer mehr wollte. Zu Hause war ich kaum noch – ich hielt es dort kaum noch aus. Dieses Schweigen, dieses Misstrauen, diese Lügen... Mein Mann beteuerte mir zwar immer wieder, dass es Aus wäre mit seiner Freundin, aber ich fand immer wieder Hinweise, „erwischte“ ihn...

Innerlich habe ich so sehr gelitten und wollte es nicht fühlen und nicht wahrhaben. Aber ich verlor immer mehr Kraft. Dann begann sich das Blatt auch im Büro zu wenden und ich wurde gemobbt. Mobbing ist ein schleichender Prozess, bei dem man sich zu Beginn noch einreden kann: „die haben einen schlechten Tag“ oder „das Projekt ist schuld“ oder was auch immer.

Ich hielt aus – lange, viel zu lange! Zu Hause war es unerträglich, im Büro wurde es auch immer unerträglicher.

Heute weiß ich, ich selbst wurde immer unerträglicher in mir und zu mir! Ich konnte mich selbst nicht mehr ertragen! Ich hatte mich so weit wie möglich von mir selbst entfernt. Ich spürte mich selbst überhaupt nicht mehr und wurde immer kraftloser, immer müder, immer ängstlicher, immer verschüchterter, immer kleiner.

Vier Jahre nach meinem Bandscheibenvorfall, nach vier Jahren ständiger Kämpfe, Verbiegungen und Manipulationen gab ich auf! Ich konnte nicht mehr... Wieder wurde ich krank. Ich war so von Angst erfüllt, dass ich nur noch zitterte, ich traute mich kaum noch zu sprechen, irgendetwas zu machen und wusste nicht mehr weiter.

Ich fuhr in Urlaub – alleine. Dort lernte ich Angelika kennen – auf Fuerteventura, was ja „starker Wind“ bedeutet. Welch starker Wind wirklich in meinem Leben aufkam, begriff ich erst ein Jahr später.

Zurück in Deutschland, suchte ich mir anwaltliche Unterstützung zur Klärung meiner beruflichen Situation und gab meine Stelle auf. Ich machte mich selbstständig – im kaufmännischen Bereich und wollte naturheilkundliche Einrichtungen beraten.

Angelika bat mich um Hilfe und ich plante eine Woche bei ihr ein. Ich fuhr nach Wiesbaden und – ich ging nicht mehr zurück!

Ich wusste nicht, dass ich bleiben würde; ich wusste nicht, was sich aus diesem Besuch entwickeln würde. Und es spielte für mich auch keine Rolle mehr! Ich dachte nicht mehr darüber nach, was kommen würde, was „Sinn" machen würde. Mir war damals auch noch nicht klar, dass ich mit diesem scheinbar kleinen Schritt meine Kämpfe und mein bisheriges Leben wirklich aufgab! Der langwierigste Prozess danach war die Scheidung von meinem Mann. Es dauerte ein paar Jahre, bis sie endgültig war. In dieser Zeit lernte ich, mich selbst wieder zu spüren und all der Schmerz, den ich so lange so tief in mir verbergen wollte, gegen den ich so lange angekämpft hatte, brach oft durch.

Meine Fahrt nach Wiesbaden ist jetzt über 9 Jahre her! Heute weiß ich, es war die Fahrt in mein neues Leben, der Beginn meines wahren Weges – sowohl beruflich als auch privat. Ich bin Therapeutin geworden und liebe meine Arbeit mit Menschen; ich liebe es auch, Seminare und Workshops zu halten, andere Seelen auf ihrem Weg zur Bewusstwerdung zu unterstützen und ich habe damit meine Liebe zu den Worten wiedergefunden! Jetzt darf ich mit diesem Buch einen nächsten Schritt auf meinem Weg gehen – und ich bin darüber so glücklich und erfüllt, so dankbar, dass ich es nicht in Worte fassen kann!

Mir ist so vieles bewusst geworden! Es gab so viele Zeichen in meinem Leben, die ich übersehen habe. Heute erkenne und verstehe ich immer mehr von meinem Leben, von meinem Weg und finde in mir mit jeder Erkenntnis immer tieferen Frieden über all das und zu all dem, was ich früher erlebt habe – ob in meiner Ursprungsfamilie, ob in meiner ehemaligen beruflichen Laufbahn oder in meiner Ehe.

Und ich danke aus tiefstem Herzen für all die Erfahrungen, die ich machen durfte. Ich danke all meinen Familienmitgliedern, meinen ehemaligen KollegInnen und Chefs, meinem Ex-Mann, meinen früheren FreundInnen! Sie alle haben mich in ihrer Liebe zu mir immer wieder aufgefordert, meinen Weg zu finden, zu mir selbst zu finden und mir immer wieder Herausforderungen gestellt, die in Wahrheit nur dazu dienten, die Antwort in mir zu finden auf die Frage: „Na, bist du das wirklich? Willst du das sein?"

Viele Stiche habe ich erduldet, schweigend hingenommen, mich als Opfer gefühlt. Ich habe mich lange geweigert, alles das, was in meinem Leben geschehen ist, wirklich zu reflektieren und die Botschaften und Geschenke, die in jeder einzelnen scheinbar so schweren Erfahrung für mich verborgen lag, zu erkennen, anzunehmen und wirklich zu verstehen.

Als mein eigenes Hinterfragen anfing und ich lernte, anders zu denken, mich Schritt für Schritt immer mehr befreite von diesen Gedanken, was „gut", „richtig", „böse" oder „falsch" ist, gab es in mir einen Raum, der offen war, der wirklich verstehen wollte. Und es taten sich viele andere Blickwinkel und Möglichkeiten auf, die unglaubliche Erkenntnisse und Selbsterkenntnisse zuließen und die letztlich zu einem wunderschönen Gefühl in mir führten: innerer Frieden und Dankbarkeit!

Und so danke ich vor allem und aus tiefstem Herzen meiner Mutter, denn sie hat ja meine uralte Wunde überhaupt reaktiviert und meine große Liebe zu Worten immer wieder auf die Probe gestellt... Damit hat sie mich letztlich immer wieder aufgefordert, zu mir selbst (zurück) zu finden! Heute kann ich ihr aus tiefstem Herzen vollkommen aufrichtig für alles, was sie für mich getan hat und vor allem auch für das, was sie gerade nicht für mich getan hat, danken – denn gerade durch ihre Verbote, ihre Ablehnungen und ihre guten „Ratschläge“ hat auch sie mich an den Wendepunkt in meinem Leben geführt.

All die Jahre, von meiner Kindheit an, habe ich im Außen gesucht, wollte – wie Meister St. Germain in diesem Buch schon so treffend ausgedrückt hat – so gerne zum DU zurück und habe dabei übersehen, erst einmal mein eigenes ICH BIN zu finden. In all den Jahren der Verbiegungen und Kämpfe habe ich mich selbst immer weiter von mir entfernt und war so überzeugt davon, dass ich, wenn ich recht mache, wenn ich für andere mache, wenn ich für andere Verantwortung übernehme usw., Liebe spüren würde. Ich konnte sie gar nicht spüren, weil ich nicht ich selbst war, weil ich Rollen in verschiedenen Theaterstücken übernahm und versuchte, sie perfekt zu spielen.

Je früher wir mit unseren Rollen beginnen, desto schwieriger erscheint es uns später, sie überhaupt zu erkennen.

Das Zusammenleben in meiner Ursprungsfamilie hat meine größten, uralten Wunden aktiviert. Das Gefühl, nicht dazuzugehören und nicht richtig zu sein, hat mich schon so früh um Liebe und Anerkennung kämpfen lassen. Ich war bereit, alles dafür zu tun, mich geliebt und anerkannt zu fühlen.

Heute ist mir sehr bewusst, dass meine Ursprungsfamilie ein sehr großes Geschenk für mich war! In vielen eigenen Prozessen bin ich immer tiefer gekommen und habe immer mehr Erkenntnisse darüber gewinnen dürfen, warum es so und nicht anders war, warum es gar nicht anders hat sein können und wie notwendig all diese Verstrickungen in Illusionen über „das

Leben", was man erreichen muss, was man zu sein hat usw. waren. Ich bin so dankbar geworden, dass es war, wie es war! Sicher, das war kein unbedingt leichter Weg, aber über jede einzelne meiner Erkenntnisse, über jedes „Ah, jetzt verstehe ich, warum es gar nicht anders sein konnte" habe ich viel über mich selbst verstanden, viele von meinen alten Überzeugungen aufgeben können und darüber immer mehr eigenen inneren Frieden gefunden, mich selbst immer mehr so annehmen können, wie ICH BIN!

Eine andere Sichtweise auf mein Leben, ein anderes Wahrnehmen auch der jetzigen Erlebnisse hat sich entwickelt.

Jede Suche im Außen führt nur dazu, sich selbst zu verlieren! Jede Suche im Außen führt nur zu Kämpfen! Und je mehr wir kämpfen, desto mehr entfernen wir uns von uns selbst! Wir entfernen uns von unserem wahren ICH, von unseren Gefühlen, von unseren Empfindungen und verlieren das Vertrauen in unsere Wahrnehmungen. Stattdessen glauben wir, wir müssten so oder so reagieren, so oder so sein, um etwas zu erreichen. Aber was wollen wir denn damit wirklich erreichen? Uns selbst erreichen wir damit sicher nicht! Stattdessen geben wir all unseren Gedanken die Macht über uns und unser Leben! Wir bewerten alles und jeden, wir richten über uns und andere und überall machen wir etwas schlecht oder falsch... Das alles macht unser Leben scheinbar so mühsam und schwer.

Es ist viel interessanter für den eigenen Weg, die eigene Entwicklung, nicht mehr zu beurteilen oder zu verurteilen, was ein anderer gerade gesagt oder gemacht hat, sondern sich zu fragen: warum hat er oder sie das gesagt oder gemacht? Welche Botschaft, welcher Hinweis steckt für mich darin?

Es ist mir kaum möglich zu beschreiben, wie dankbar ich bin – aus tiefstem Herzen! Für mein Leben, für meine Erfahrungen und vor allem dafür, dass ich immer deutlicher erkennen darf, wie sehr wir alle geliebt sind und wie göttlich wir geführt werden! Es hat so lange gedauert, meinen eigenen wahren Weg zu finden, zu meinen geliebten Worten zurückzufinden – aber ich mag keine einzelne Erfahrung auf dem Weg dahin missen! Jede einzelne von ihnen hat mich letztlich so vieles gelehrt, was mir heute in meinem Leben und in meiner Arbeit wundervolle Unterstützung ist!

Eine weitere sehr wichtige Erkenntnis dazu war: es war mein eigener freier Wille, diesen Weg zu gehen! Vieles hätte ich so nicht erfahren und erleben müssen! Mir ist durchaus bewusst, dass ich in jeder einzelnen Situation die freie Wahl hatte und genauso, wie ich „ja" sagte auch hätte „nein" sagen können. Ich selbst hatte mich jedes Mal entschieden für den einen oder anderen Weg! Ich selbst wollte es genauso! Und so bog auch ich an vielen Kreuzungen in die scheinbar falsche Richtung ab. Aber: in meiner Rückschau habe ich erkannt, dass gerade in diesen scheinbar falschen Wegen („Irrwegen") gerade die großen Herausforderungen lagen, viele Möglichkeiten der Selbsterkenntnis und immer auch die freie Wahl, den eigenen Weg wiederzufinden.

Ihr dürft erkennen, dass all dies mit großer Achtung vor Eurem freien Willen geschieht. Wir geben immer wieder gerne Hinweise, senden auch gerne Lockrufe aus – aber wenn Ihr Euch verirrt, indem Ihr Euer wahres Bewusstsein für Euch selbst verlasst, greifen wir zu einer Hilfe, die Euch zunächst erstarren lassen mag. Dies tun wir, wenn wir die Rufe Eurer Seele sehr deutlich vernehmen.

Und Ihr selbst mögt schon genügend Hilfen empfangen haben. Richtungsweisende Hinweise mögen es gewesen sein, denen Ihr entweder gefolgt seid oder sie ignoriert habt. Im letzteren Fall haben wir Euch natürlich Eurem freien Willen entsprechend wieder Zeit gelassen zu erkennen. Wolltet Ihr erneut einen Hinweis, so habt Ihr ihn erhalten.

Aber nun, da Ihr schon so weit auf Eurem Weg gegangen seid und so viele Hinweise auch in anderen Büchern, die von uns allen in dieser Zeit vielfach zu Eurer Unterstützung übermittelt werden, gefunden habt, stellt sich doch immer wieder für Euch selbst diese eine Frage, die oftmals lautet: „Was mache ich hier eigentlich?“

Nun, wann immer wir diese Frage wahrnehmen, schmunzeln wir ein wenig. Denn diese Frage ist sehr berechtigt. Auch wir stellen sie uns hin und wieder, wenn wir Euer Handeln beobachten und begleiten.

Mögt Ihr Euch über diese Frage Klarheit verschaffen, so empfehlen wir Euch, einmal genau Protokoll zu führen, was Ihr so alles macht. Bitte tut dies in Schriftform, um es Euch vor Augen zu führen.

Macht es ein paar Tage lang – ohne die vorherigen Aufzeichnungen zu lesen. Nach vielleicht einer Woche könnt Ihr dieses Projekt beenden und Eure Notizen noch einmal durchlesen. Die Fragestellung hierbei lautet dann: „Was tue ich wirklich?“ oder: „Wie weit bin ich von mir selbst entfernt?“

Findet heraus, ob es wahrhafte Ruhepunkte für Euch in Eurem alltäglichen Leben gibt, ob Ihr Zeit habt zu sein, was Ihr seid?

Denn habt Ihr sie nicht, meine Lieben, braucht Ihr Euch nur die Eingangsfrage Eures „Was mache ich hier eigentlich?“ hervorholen und könnt sie beantworten mit einem einzigen Wort: „Nichts!“

Ihr verschwendet Eure Zeit und Euer Potenzial, meine Lieben, wenn Ihr Euch keine Freiräume für Euch erlaubt. Denn nur in ihnen können Euch Inspiration und Kreativität erreichen, die Ihr wahrhaft lernen dürft in dieser Zeit! Sie sind der Weg zu Eurem Herzen, zu dem, was Ihr seid und zu dem, was Ihr tun wollt – aus Eurem Sein heraus.

Deshalb sagen wir: „Euer Tun hindert Euch am Sein!“

Seid Ihr nicht bei Euch, empfindet Ihr weder Gelassenheit noch Freude noch Liebe. Seid Ihr nicht bei Euch, vertraut Ihr nicht: nicht Euch, nicht all den anderen Seelen, die um Euch sind und die Euch begegnen, nicht der göttlichen Führung und nicht Eurem wahren Lebenssinn und -ziel.

Nur dann, wenn Ihr Euch erlaubt, Ihr selbst zu sein, kann Euch also all das, was Ihr sein wollt, was Ihr tun wollt, was Ihr erfahren wollt, wahrhaft erreichen.

Es ist ein sehr alter übermittelter Glaubenssatz, der in Euch wirkt. Er lautet: „Man wächst mit seinen Aufgaben“.

Nun – das ist wohl wahr. Allerdings glaubt Ihr, groß zu werden, wenn Ihr alle möglichen Aufgaben an Euch reißt, nicht wahr? Was Ihr jedoch damit erreicht, ist Frustration, Müdigkeit, Enttäuschung, Lethargie und anderes mehr. Ihr wachst dagegen in Wahrhaftigkeit in großer Geschwindigkeit, wenn Ihr dem folgt, was Eure Liebe, Euer Herz Euch gebietet. Ihr alle wisst sehr wohl um Eure wahre Aufgabe. Da Ihr Euch – ob welcher Gründe und Erfahrungen auch immer – mittlerweile dazu scheinbar nicht mehr imstande seht, glaubt Ihr, durch die hektischen, tätigen, immer machenden und ausführenden Aktivitäten diese in Euch entstandene gefühlsmäßige Leere ausfüllen zu können.

Funktioniert das wirklich, meine Lieben?

Bitte erkennt diesen Irrgarten in Euch! Löst ihn auf, kommt zur Ruhe, nehmt Euch Zeit für Euch – fühlt Euch wieder!

Spürt in Eurer Ruhe diese scheinbar so kleine Kraft in Euch, die „Ja" sagt, die Euch Impulse schenkt, was Ihr tun wollt, wie Ihr sein wollt, die Euch erinnert. Spürt es!

All das, was Ihr so gerne sein wollt, seid Ihr bereits! Ihr habt es nur vergessen.

Darum erinnern wir Euch gerne immer wieder daran! Füllt Euch auf mit Eurem eigenen ICH BIN. Das macht Euch stark, das gibt Euch Zuversicht. Das erweitert Eure feinstofflichen Körper und es lässt auch all Eure Brüder und Schwestern spüren. Sie nehmen es wahr – augenblicklich, wenn Ihr dies erreicht habt. Eure Ausstrahlung wird eine andere sein, denn es ist Eure eigene, die voller Licht und Liebe leuchtet und glänzt! Das ist Euer wahres Ziel, nicht wahr?

Zögert also nicht, den Weg zu Euch selbst zu gehen. Denn je mehr Ihr Euch selbst heller werden lasst, je mehr Ihr Bewusstsein erlangt, desto mehr kommt Ihr in die Liebe zurück, die Ihr seid! Und dieser Weg gibt Eurer geliebten Erde auch mehr Licht und das wahre göttliche Sein darf und kann sich weiter ausbreiten.

Ihr seid längst nicht mehr das kleine Licht als dass Ihr Euch seht! Ihr seid große, lodernde Flammen, die wahrhaft wissen wollen!

Und deshalb seid Ihr so sehr gerufen, Eure wahre Aufgabe zu übernehmen, durch Euer Sein, durch Euer ICH BIN zu wirken in dieser Zeit! Und das bedeutet, nicht mehr nur zu tun!

Wenn Euch Eure Aufgabe scheinbar nicht bewusst ist und ihr klären wollt, was Eure wahre Lebensaufgabe ist, hat uns auch hierzu Meister St. Germain eine große Hilfe gegeben! In dem wunderbaren Buch „Atlantis“ sagt er uns, dass wir aus unserem Namen und unserem Geburtsdatum unsere wahre Aufgabe erkennen können. Die Bedeutung der Namen ist ganz faszinierend in dem schon erwähnten Buch „Nomen est omen“ erklärt; für die Ermittlung der Hintergründe unseres Geburtsdatums sind die Bücher „Lebensziele in Ihrem Geburtsdatum“ (Bd. I und II) von H. Deubert eine gute Unterstützung. Sehr hilfreich und empfehlenswert ist hierzu auch das Buch „Das Tor zum goldenen Zeitalter“, Meister St. Germain, gechannelt von Sibylle Weizenhöfer.

Unser Kanal glaubt auch sehr oft, dass sie doch eigentlich mehr tun könnte. Sie glaubt oft, sie tut nicht genug. Sie macht sehr vieles, aber sie spürt immer diese Unruhe in sich, wenn sie nicht das tut, was ihrer wahren Aufgabe entspricht. Wenn sie mit uns arbeitet, ist sie ruhig. Sie lässt es fließen. Es strengt sie nicht an. Was sie dazu braucht ist – Ruhe! Sie darf noch lernen, sich diese Ruhe zuzugestehen. Dann wird es leichter – für sie und für uns.

Wir freuen uns, dass sie eine Alternative gefunden hat, um all diese Zeilen zu empfangen. Ihr nennt es Urlaub. Hier erreichen wir sie viel leichter und sie ist offen für uns. Sie hat sich zurückgezogen, um sich vollkommen einzulassen. Und all diese Zeilen lösen auch in ihr viele Prozesse aus. Schön, dass sie sich Zeit dafür „genommen hat“, wie Ihr es nennt.

Wir danken ihr dafür und freuen uns darauf, dass sie dies auch in ihrem Alltag fortan als ihre wahre Aufgabe entsprechend würdigt und sich nicht mehr ablenken lässt durch vermeintlich wichtige andere Dinge.

Denn all diese anderen Dinge bedeuten Flucht vor dem eigenen Selbst und der wahren Aufgabe.

Wir hoffen, das ist deutlich geworden, denn es betrifft alle Seelen, die diese Zeilen lesen. Erinnert Euch an das Resonanzgesetz! Auch Euer Tun hindert Euch am Sein!

Nur im Sein könnt Ihr wahrhaft tun! Nur im Sein seid Ihr in Eurer Macht, in der Macht der Liebe Eures Herzens.

Wir grüßen Euch, Ihr Lieben!
Seid umarmt, Ihr wundervollen Lichtfunken der Liebe!

Verbundenheit

Genau dies ist der Beginn des Goldenen Zeitalters, wenn die Menschheit eine Bewusstseinsstufe erreicht, die sich den Kreis schließen lässt.

Fürwahr habt Ihr einen großen Kreis geprägt, indem Ihr Eure eigenen Kreise immer mehr erweitert habt. Vieles ist Euch bewusst geworden, vieles habt Ihr erkannt, geprüft, gelernt, von Euch gewiesen, abgelehnt. Vieles brauchtet Ihr an Erfahrungen, um zu filtern, letztlich zu filtern, was Euch gut tut und was Euch schadet. Wir reden hier vom Großen und Ganzen und nicht von dem, was Euch eingeredet wurde, dass Ihr tun und lassen solltet.

Obwohl natürlich auch diese Aufforderungen und Hinweise aus eigenen Erfahrungen stammten – oder aus denen anderer Mitglieder der persönlichen Ahnenreihe oder des persönlichen Umfelds. Nun jedoch ist die Zeit gekommen, in der immer mehr Seelen alles Gelernte hinterfragen. Und dies tun sie meist, wenn sie schon einmal die Erfahrung gemacht haben, dass das, was ihnen als nicht sinnvoll, als gefährlich oder schädlich beigebracht wurde, ignorierten und selbst ausprobierten, was diese Erfahrung nun mit ihnen selbst machen würde. Forscherdrang ist das!

Der Wunsch, herausfinden zu wollen, ob alte Thesen noch stimmig sind. Viele haben dabei die Erfahrung gemacht, dass es ihnen nicht schlecht dabei geht.

Frage also: warum wurde mir das gelehrt?

So haben beispielsweise all Eure „Extremsportler", wie Ihr sie nennt, nichts anderes getan als zu beweisen, dass Extreme möglich sind. Und jeder einzelne dieser Schritte war sowohl ein großes

Wagnis als auch ein großer Erfolg, denn jeder einzelne dieser Schritte wollte gegangen werden. Ob es sich dabei um eine Bergbesteigung, um einen Fallschirmsprung oder ein Tieftauchen ohne Sauerstoff handelt. Jeder einzelne dieser Schritte ist zugleich eine Aufforderung an Euch selbst, Euch über Eure eigenen Grenzen zu wagen und zu hinterfragen, ob das, was Euch gelehrt wurde, wahrhaft Euch entspricht.

Und so hat eine jede Seele von Euch die Möglichkeit, Neues für sich auszuprobieren. Und so ist auch jede Seele von Euch aufgefordert, Neues auszuprobieren – etwas für sich Neues.

Ihr alle lebt in einer Zeit, in der Ihr doch auch von Außen täglich erfahrt, dass das Alte nicht mehr in der Art und Weise gilt, wie Ihr es einst gelernt habt. Warum glaubt Ihr denn dann, an dem Alten festhalten zu müssen? Jedes Festhalten bringt Starre mit sich, die sich in Euch selbst als Sturheit äußert. Jedes „es war schon immer so" galt noch nie. Wollt Ihr in Eurer Geschichte zurückschauen, in der Geschichte der gesamten Menschheit, dann gab es nie ein wahrhaftes Festhalten: seien es Strukturen, Machenschaften, Gesetze oder andere Bereiche. Selbst in der Medizin wurden immer neue Wege beschritten. Selbst in der Justiz, selbst in der Wissenschaft. Was einstmals als gegeben galt, galt schon einige Wimpernschläge später als überholt.

Wir wissen, Ihr selbst tut Euch schwer damit, das für Euer eigenes Leben anzunehmen, obwohl Ihr genau spürt und in Eurem Inneren wisst, dass es so ist. Und wenn Ihr diesen Ausführungen soweit folgen konntet, stellt sich in der „logischen" Konsequenz nur eine Frage, die eine jede Seele, die diese Zeilen liest, einzig und allein für sich beantworten kann: glaube ich an das, was ich wahrnehme, was ich fühle, was ich spüre? Glaube ich an das, was in mir selbst ist? Spüre ich dieses unbedingte „JA", das ohne jegliche Einschränkung in mir wirkt?

Dieses „Etwas", das ich vielleicht noch nicht benennen kann, weil es dafür vielleicht noch keinen Namen gibt, das aber da ist und das stark ist und das heraus will? Das sich ausdrücken möchte, das gelebt sein weil – aus meinem tiefsten Inneren? Etwas, das mich so erfüllt, dass ich mir gar nicht vorstellen kann, dass es nicht jeder hat – und: mir trotzdem verweigere zu leben? Weil meine Gedanken es zunichte machen? Weil ein „Aber" so laut in meinem Kopf dröhnt? Weil ein „das geht doch nicht" oder „wie soll ich denn" mich immer wieder bremst?

Ihr alle, die Ihr in dieser Zeit lebt, seid Visionäre, Lichtarbeiter, Krieger des Lichts und der Liebe. Nennt Euch, wie Ihr wollt. Ihr alle spürt es, Ihr alle habt es in Euch – dieses tiefe Gefühl von Verbundenheit.

Jaja, schon denken einige von Euch. Und gleich ist wieder das „Aber" so groß, nicht wahr?

All Eure „Aber's" sind Vergangenheit, Ihr Lieben! Erkennt, dass Ihr all das, was Euch erfüllt und ausmacht, seid und nichts anderes zu sein habt als das. Das ist Euer wahres Ich, das leben will!

Was wünscht Ihr Euch? Was wünschst Du Dir? Bitte begebe Dich in Deine eigene Ruhe, lege das Buch zur Seite und fühle in Dich: was wünschst Du Dir?

Fühle es an – was möchtest Du sein, wie möchtest Du leben?

Und wenn Du Mut hast, tausche Dich aus und sprich darüber! Du wirst erkennen, dass es viele andere Seelen gibt, die genauso oder ähnlich fühlen. Warum verbindet Ihr Euch nicht und unterstützt Euch?

Einzelgängertum ist in der Neuen Zeit nicht mehr gefragt! Das wisst Ihr – also stellt Euch der Neuen Zeit, damit sie jetzt schon für Euch selbst zum Goldenen Zeitalter werden kann.

All die Veränderungen, die Ihr im Außen spürt, finden in erster Linie in Euch selbst statt. Öffnet Euch und Ihr werdet all die Wunder erleben, die Ihr Euch wünscht. Habt Mut, Euch mitzuteilen. Nur so könnt Ihr Unterstützung erfahren! Wohlan denn, meine Lieben! Ihr seid alle gesegnet und geschützt!

Habt Mut! Seid die Ersten, die sich öffnen und offenbaren – viele werden Euch folgen!

„Wer von Euch ohne Sünde ist, werfe den ersten Stein“ heißt es in der heiligen Schrift. Heute fordern wir Euch auf: „Wer von Euch der Neuen Zeit etwas geben möchte, spreche es aus und tue es!“

Hört auf mit allen Beurteilungen, beendet diese Schwere in Eurem Leben, dass sich manches nicht gehört, man vieles nicht tun sollte, sondern beginnt etwas Neues, indem Ihr Euch zulasst und zulasst, was aus Eurem Kern heraus will! Dreht es um!

Die Zeiten des Rückzugs und der Isolation sind vorbei, wenn Ihr Euch auf den Weg der Bewusstwerdung macht, denn dann könnt Ihr nur das Wahre erkennen: Ihr seid nicht allein! Viele denken und fühlen wie Ihr! Handelt gemeinsam aus Eurer Essenz, aus dem was Ihr seid, aus reiner Liebe zu allem, was ist!

Gelobt und gepriesen seid Ihr! Und unterstützt!

Wir lieben Euch, denn Ihr seid Teil von uns! ♥

Nachwort

Meine liebe Mutter hat mir immer wieder eine großartige und wichtige Botschaft genannt, die ich früher nicht annehmen konnte und nicht annehmen wollte. Oft hat sie gesagt: „Nicht können heißt nicht wollen!" Daran erinnere ich mich jetzt immer wieder, wenn ich mich selbst oder andere sagen höre: „Ich kann das nicht...".

Jedes scheinbare nicht Können heißt tatsächlich nicht Wollen! Es heißt, wenn wir ehrlich sind, immer: „Ich will das nicht." Aber dieses „Nicht-Wollen" wollen oder können wir nicht aussprechen.

Leider ist uns gar nicht klar, gar nicht bewusst, was wir alles können!

Es liegt wirklich in uns selbst, was wir tun, was wir aus unserem Leben machen, was wir aus unserem Leben lernen – aus all den täglichen Erfahrungen. Wollen wir sie mit Bewusstheit erfüllen, dann dürfen wir lernen, anders mit uns selbst und mit unserem Leben umzugehen!

Wir alle sind in der Lage, die berühmten „Berge zu versetzen"! Würden wir dem vertrauen, wofür unser Herz schlägt, was uns selbst in unserem tiefsten Inneren wichtig ist für uns und unser Leben, dann hätte unser Tun, unser Handeln eine viel weitreichendere Bedeutung für uns, unser Leben und all die Menschen, mit denen wir zusammen sind, zusammen arbeiten, zusammen leben, als wir uns vorstellen können!

Unser ganzes Leben wird bestimmt durch Worte – das ist mir so bewusst geworden! Ob wir sie aussprechen oder nur denken – unsere Worte drücken aus, was wir glauben, was wir meinen, was wir (glauben zu) wissen, was wir fühlen. Sie können in Liebe oder nicht in Liebe gedacht und gesprochen werden. Es liegt an uns, wie wir ihnen Macht verleihen.

Schon in der Bibel steht geschrieben: „Im Anfang war das Wort!"

Wofür könnte der Begriff „Wort" denn stehen? Vielleicht für **W**ürde, **O**ffenheit, **R**ichtung und **T**at. Wenn wir in unserer eigenen Würde sind und offen mit unseren Worten umgehen, bekommt alles im Leben eine bestimmte Richtung, die uns zu einer Handlung führt.

Je mehr wir lernen, offen mit uns und unseren Gefühlen umzugehen, desto klarer wird unser Weg! Ich habe immer wieder die wunderschöne Erfahrung machen können, dass alles viel leichter wird, wenn ich offen und ehrlich sage, wie ich denke, wie ich fühle. Oft habe ich mich nicht getraut, es zu tun und ich fühlte mich unverstanden, allein, ausgegrenzt. Es war anfangs eine Überwindung für mich, von mir zu sprechen. Doch seit ich lerne, mich aufrichtig mitzuteilen, habe ich so viel Verständnis und Mitgefühl erfahren. Erzähle ich von mir selbst, von meinen Erfahrungen, z.B. in den Seminaren, dann spüre und erfahre ich immer wieder, dass es anderen ähnlich ergangen ist, sie Ähnliches erlebt haben oder ähnlich empfinden. In meinem Aussprechen erkennen andere oft ihren eigenen Schmerz. Das ist wundervoll, denn so helfen die eigenen Worte auch anderen, sich zu öffnen und gemeinsam wird dieses vorher herrschende Gefühl des Alleinseins, des „Nicht-Verstanden-Seins" in Liebe und Mitgefühl erlöst und es zeigt sich wieder Verbundenheit und All-Eins-Sein (statt Alleinsein)!

Jedes Wort kann der Beginn für etwas Großes sein, für Kommunikation genauso wie für Handlung.

Wenn wir dem, was wir in uns fühlen, Ausdruck verleihen, sind immer auch andere da, die genauso fühlen, genauso denken, das gleiche Ziel in sich spüren...

Es ist nicht mehr die Zeit, sich selbst zu verstecken! Je mehr wir erwachen, je bewusster wir uns alle werden, desto mehr können wir erleben, wie schön unser Leben wirklich ist, wie verbunden wir sind!

Ich bin so dankbar, dass wir in unserem Haus mit so vielen Menschen gemeinsam einen Weg gehen, der uns immer näher zusammenbringt je mehr der/die Einzelne sich öffnet! Es ist eine wundervolle Gemeinschaft, die immer weiter wächst und zueinander findet – durchaus eine neue Art Familie in meinem Leben!

Deshalb möchte ich Euch Mut machen, Euren Weg zu gehen! Steht zu dem, was Ihr wirklich aus der Liebe Eures Herzens macht oder machen möchtet! Seid sicher, wir haben so viel Unterstützung auf unserem Weg – in anderen Menschen, die uns begleiten und in unserer göttlichen Führung! Wir brauchen nicht zu wissen, wohin uns das alles führt. Es macht keinen Sinn, sich auszudenken, was in 10 Jahren sein könnte oder unserer Meinung nach sein sollte!

Vor 10 Jahren war ich ein vollkommen anderer Mensch und hätte mir im Traum nicht ausmalen können, wo ich heute stehe, was ich heute mache, wie ich heute lebe!

Ich bin dankbar, dass es jetzt genauso ist, wie es ist! Und ich danke allen, die mich jetzt begleiten genauso wie denen, die mich früher begleitet haben und auch denen, die mich einmal begleiten werden!

Je mehr wir zu uns selbst finden, desto mehr finden wir uns in unserem Außen und desto mehr wird unser Geben und Nehmen eins! Mit meiner neuen „Familie“ verbindet mich sehr tiefe Liebe – wir spiegeln uns, geben uns manchmal Rätsel auf und nehmen uns so an, wie wir sind! Und das hat mir verdeutlicht, dass der alte Schmerz nur dann in uns Bestand haben kann, überlebensfähig ist, wenn wir unsere Augen vor unserer Gegenwart verschließen! Wollen wir erkennen, was uns alles an Liebe und Schönheit umgibt, brauchen wir unsere Augen nur zu öffnen – im Jetzt!

Wir brauchen uns auch nicht einzubilden, wir wüssten, wer uns hilfreich zur Seite steht. Denn damit halten wir fest an unserer Einbildung, unserer Erwartung, unserer Vorstellung! Wir können auch nicht wissen, was unser Handeln – ob in Worten oder Taten – mit anderen macht; wir dürfen uns aber bewusst machen, was es mit uns selbst macht!

Macht Euch frei von Eurem alten Denken und Handeln und Ihr werdet sehen, dass Ihr niemals allein Euren Weg geht!

Ich wünsche Euch von ganzem Herzen Licht und Liebe auf Eurem ureigenen Weg – und ich weiß, beides begleitet Euch von Anbeginn an und wird nicht enden! Denn wir alle sind Licht und Liebe! MACHT was draus!

Ein paar Bücher, die ich Euch ans Herz legen möchte

In diesem Buch wurde zitiert aus:

„Nomen est Omen" von Joachim Schaffer-Suchomel, erschienen im Goldmann Arkana Verlag, ISBN 978-3-442-33777-4

„Tierisch gut" von Regula Meyer, erschienen im Arun Verlag, ISBN 978-3-86663-008-6

In diesem Buch wurden erwähnt:

„Lebensziele in Ihrem Geburtsdatum" (Bd. I und II) von H. Deubert, erschienen im ch.falk-verlag unter ISBN 978-3-89568-173-8 und 978-3-89568-189-9

„Das Tor zum goldenen Zeitalter", Meister St. Germain, gechannelt von Sibylle Weizenhöfer, erschienen im ch.falk-verlag unter ISBN 978-3-89568-135-0

„Saint Germain: Atlantis – Geschichte, Absicht und Auswirkung auf die menschliche Rasse", übermittelt von Petronella Tiller, erschienen im ch.falk-verlag unter ISBN 978-3-89568-227-8

Großartige Unterstützung auf meinem Weg ist mir zurzeit u.a.:

„Jesus spricht – Unendliche Liebe" von Glenda Green, erschienen im Koha-Verlag unter ISBN 978-3-86728-126-3

Lasst Euch führen bei der Auswahl „Eurer" Bücher!

Kontakt:
Dagmar Lisiecki
Georg-August-Str. 12
65195 Wiesbaden
Tel.: 0611/ 23 85 457
E-Mail: info@gesundheitscentrum-westend.de
www.gesundheitscentrum-westend.de